心一堂術數珍本古籍叢刊

書名：卜易拆字秘傳百日通【新修訂版】
系列：心一堂術數古籍珍本叢刊　占筮類　第一輯　2
作者：心一堂編
主編、責任編輯：陳劍聰
心一堂術數古籍珍本叢刊編校小組：陳劍聰　素聞　梁松盛　鄒偉才　虛白盧主

出版：心一堂有限公司
通訊地址：香港九龍旺角彌敦道六一〇號荷李活商業中心十八樓〇五—〇六室
深港讀者服務中心：中國深圳市羅湖區立新路六號羅湖商業大廈負一層〇〇八室
電話號碼：(852)67150840
網址：publish.sunyata.cc
電郵：sunyatabook@gmail.com
網店：http://book.sunyata.cc
淘寶店地址：https://shop210782774.taobao.com
微店地址：https://weidian.com/s/1212826297
臉書：https://www.facebook.com/sunyatabook
讀者論壇：http://bbs.sunyata.cc/

版次：二零一五年一月初版
平裝

定價：港幣　七十八元正
　　　人民幣　七十八元正
　　　新台幣　二百九十八元正

國際書號：ISBN 978-988-8316-23-6

香港發行：香港聯合書刊物流有限公司
地址：香港新界大埔汀麗路36號中華商務印刷大廈3樓
電話號碼：(852)2150-2100
傳真號碼：(852)2407-3062
電郵：info@suplogistics.com.hk

台灣發行：秀威資訊科技股份有限公司
地址：台灣台北市內湖區瑞光路七十六巷六十五號一樓
電話號碼：+886-2-2796-3638
傳真號碼：+886-2-2796-1377
網絡書店：www.bodbooks.com.tw
台灣國家書店讀者服務中心：
地址：台灣台北市中山區松江路二〇九號一樓
電話號碼：+886-2-2518-0207
傳真號碼：+886-2-2518-0778
網絡書店：http://www.govbooks.com.tw

中國大陸發行　零售：深圳心一堂文化傳播有限公司
深圳地址：深圳市羅湖區立新路六號羅湖商業大廈負一層〇〇八室
電話號碼：(86)0755-82224934

心一堂微店二維碼

心一堂淘寶店二維碼

心一堂術數古籍 珍本 整理 叢刊 總序

術數定義

術數，大概可謂以「推算（推演）、預測人（個人、群體、國家等）、事、物、自然現象、時間、空間方位等規律及氣數，並或通過種種『方術』，從而達致趨吉避凶或某種特定目的」之知識體系和方法。

術數類別

我國術數的內容類別，歷代不盡相同，例如《漢書・藝文志》中載，漢代術數有六類：天文、曆譜、五行、蓍龜、雜占、形法。至清代《四庫全書》，術數類則有：數學、占候、相宅相墓、占卜、命書、相書、陰陽五行、雜技術等，其他如《後漢書・方術部》、《藝文類聚・方術部》、《太平御覽・方術部》等，對於術數的分類，皆有差異。古代多把天文、曆譜、及部分數學均歸入術數類，而民間流行亦視傳統醫學作為術數的一環；此外，有些術數與宗教中的方術亦往往難以分開。現代民間則常將各種術數歸納為五大類別：命、卜、相、醫、山，通稱「五術」。

本叢刊在《四庫全書》的分類基礎上，將術數分為九大類別：占筮、星命、相術、堪輿、選擇、三式、讖緯、理數（陰陽五行）、雜術（其他）。而未收天文、曆譜、算術、宗教方術、醫學。

術數思想與發展——從術到學，乃至合道

我國術數是由上古的占星、卜筮、形法等術發展下來的。其中卜筮之術，是歷經夏商周三代而通過「龜卜、蓍筮」得出卜（筮）辭的一種預測（吉凶成敗）術，之後歸納並結集成書，此即現傳之《易

經》。經過春秋戰國至秦漢之際，受到當時諸子百家的影響、儒家的推崇，遂有《易傳》等的出現，原本是卜筮術書的《易經》，被提升及解讀成有包涵「天地之道（理）」之學。因此，《易・繫辭傳》曰：「易與天地準，故能彌綸天地之道。」

漢代以後，易學中的陰陽學說，與五行、九宮、干支、氣運、災變、律曆、卦氣、讖緯、天人感應說等相結合，形成易學中象數系統。而其他原與《易經》本來沒有關係的術數，如占星、形法、選擇，亦漸漸以易理（象數學說）為依歸。《四庫全書・易類小序》云：「術數之興，多在秦漢以後。要其旨，不出乎陰陽五行，生尅制化。實皆《易》之支派，傳以雜說耳。」至此，術數可謂已由「術」發展成「學」。

及至宋代，術數理論與理學中的河圖洛書、太極圖、邵雍先天之學及皇極經世等學說給合，通過術數以演繹理學中「天地中有一太極，萬物中各有一太極」（《朱子語類》）的思想。術數理論不單已發展至十分成熟，而且也從其學理中衍生一些新的方法或理論，如《梅花易數》、《河洛理數》等。

在傳統上，術數功能往往不止於僅僅作為趨吉避凶的方術，及「能彌綸天地之道」的學問，亦有其「修心養性」的功能，「與道合一」（修道）的內涵。《素問・上古天真論》：「上古之人，其知道者，法於陰陽，和於術數。」數之意義，不單是外在的算數、歷數、氣數，而是與理學中同等的「道」、「理」--心性的功能，北宋理氣家邵雍對此多有發揮：「聖人之心，是亦數也」、「萬化萬事生乎心」、「心為太極」。《觀物外篇》：「先天之學，心法也。……蓋天地萬物之理，盡在其中矣，心一而不分，則能應萬物。」反過來說，宋代的術數理論，受到當時理學、佛道及宋易影響，認為心性本質上是等同天地之太極。天地萬物氣數規律，能通過內觀自心而有所感知，即是內心也已具備有術數的推演及預測、感知能力；相傳是邵雍所創之《梅花易數》，便是在這樣的背景下誕生。

《易・文言傳》已有「積善之家，必有餘慶；積不善之家，必有餘殃」之說，至漢代流行的災變說及讖緯說，我國數千年來都認為天災，異常天象（自然現象），皆與一國或一地的施政者失德有關；下至家族、個人之盛衰，也都與一族一人之德行修養有關。因此，我國術數中除了吉凶盛衰理數之外，人心的德行修養，也是趨吉避凶的一個關鍵因素。

術數與宗教、修道

在這種思想之下，我國術數不單只是附屬於巫術或宗教行為的方術，又往往是一種宗教的修煉手段──通過術數，以知陰陽，乃至合陰陽（道）。「其知道者，法於陰陽，和於術數。」例如，「奇門遁甲」術中，即分為「術奇門」與「法奇門」兩大類。「法奇門」中有大量道教中符籙、手印、存想、內煉的內容，是道教內丹外法的一種重要外法修煉體系。甚至在雷法一系的修煉上，亦大量應用了術數內容。此外，相術、堪輿術中也有修煉望氣（氣的形狀、顏色）的方法；堪輿家除了選擇陰陽宅之吉凶外，也有道教中選擇適合修道環境（法、財、侶、地中的地）的方法，以至通過堪輿術觀察天地山川陰陽之氣，亦成為領悟陰陽金丹大道的一途。

易學體系以外的術數與的少數民族的術數

我國術數中，也有不用或不全用易理作為其理論依據的，如揚雄的《太玄》、司馬光的《潛虛》。也有一些占卜法、雜術不屬於《易經》系統，不過對後世影響較少而已。

外來宗教及少數民族中也有不少雖受漢文化影響（如陰陽、五行、二十八宿等學說。）但仍自成系統的術數，如古代的西夏、突厥、吐魯番等占卜及星占術，藏族中有多種藏傳佛教占卜術、苯教占卜術、擇吉術、推命術、相術等；北方少數民族有薩滿教占卜術；不少少數民族如水族、白族、布朗族、佤族、彝族、苗族等，皆有占雞（卦）草卜、雞蛋卜等術，納西族的占星術、占卜術，彝族畢摩的推命術、占卜術……等等，都是屬於《易經》體系以外的術數。相對上，外國傳入的術數以及其理論，對我國術數影響更大。

曆法、推步術與外來術數的影響

我國的術數與曆法的關係非常緊密。早期的術數中，很多是利用星宿或星宿組合的位置（如某星在某州或某宮某度）付予某種吉凶意義，并據之以推演，例如歲星（木星）、月將（某月太陽所躔之宮次）等。不過，由於不同的古代曆法推步的誤差及歲差的問題，若干年後，其術數所用之星辰的位置，已與真實星辰的位置不一樣了；此如歲星（木星），早期的曆法及術數以十二年為一周期（以應地支），與木星真實周期十一點八六年，每幾十年便錯一宮。後來術家又設一「太歲」的假想星體來解決，是歲星運行的相反，週期亦剛好是十二年。而術數中的神煞，很多即是根據太歲的位置而定。又如六壬術中的「月將」，原是立春節氣後太陽躔娵訾之次而稱作「登明亥將」，至宋代，因歲差的關係，要到雨水節氣後太陽才躔娵訾之次，當時沈括提出了修正，但明清時六壬術中「月將」仍然沿用宋代沈括修正的起法沒有再修正。

由於以真實星象周期的推步術是非常繁複，而且古代星象推步術本身亦有不少誤差，大多數術數除依曆書保留了太陽（節氣）、太陰（月相）的簡單宮次計算外，漸漸形成根據干支、日月等的各自起例，以起出其他具有不同含義的眾多假想星象及神煞系統。唐宋以後，我國絕大部分術數都主要沿用這一系統，也出現了不少完全脫離真實星象的術數，如《子平術》、《紫微斗數》、《鐵版神數》等。後來就連一些利用真實星辰位置的術數，如《七政四餘術》及選擇法中的《天星選擇》，也已與假想星象及神煞混合而使用了。

隨着古代外國曆（推步）、術數的傳入，如唐代傳入的印度曆法及術數，元代傳入的回回曆等，其中我國占星術便吸收了印度占星術中羅睺星、計都星等而形成四餘星，又通過阿拉伯占星術而吸收了其中來自希臘、巴比倫占星術的黃道十二宮、四大（四元素）學說（地、水、火、風），並與我國傳統的二十八宿、五行說、神煞系統並存而形成《七政四餘術》。此外，一些術數中的北斗星名，不用我國傳統的星名：天樞、天璇、天璣、天權、玉衡、開陽、搖光，而是使用來自印度梵文所譯的：貪狼、巨門、祿存、文曲，廉貞、武曲、破軍等，此明顯是受到唐代從印度傳入的曆法及占星術所影響。如星命術中的《紫微斗數》及堪輿術中的《撼龍經》等文獻中，其星皆用印度譯名。及至清初《時憲曆》，置閏之法則改用西法「定氣」。清代以後的術數，又作過不少的調整。

此外，我國相術中的面相術、手相術，唐宋之際受印度相術影響頗大，至民國初年，又通過翻譯歐西、日本的相術書籍而大量吸收歐西相術的內容，形成了現代我國坊間流行的新式相術。

陰陽學——術數在古代、官方管理及外國的影響

術數在古代社會中一直扮演着一個非常重要的角色，影響層面不單只是某一階層、某一職業、某一年齡的人，而是上自帝王，下至普通百姓，從出生到死亡，不論是生活上的小事如洗髮、出行等，大事如建房、入伙、出兵等，從個人、家族以至國家，從天文、氣象、地理到人事、軍事，從民俗、學術到宗教，都離不開術數的應用。我國最晚在唐代開始，已把以上術數之學，稱作陰陽（學），行術數者稱陰陽人。（敦煌文書、斯四三二七唐《師師漫語話》：「以下說陰陽人謾語話」，此說法後來傳入日本，今日本人稱行術數者為「陰陽師」）。一直到了清末，欽天監中負責陰陽術數的官員中，以及民間術數之士，仍名陰陽生。

古代政府的中欽天監（司天監），除了負責天文、曆法、輿地之外，亦精通其他如星占、選擇、堪輿等術數，除在皇室人員及朝庭中應用外，也定期頒行日書、修定術數，使民間對於天文、日曆用事吉凶及使用其他術數時，有所依從。

我國古代政府對官方及民間陰陽學及陰陽官員，從其內容、人員的選拔、培訓、認證、考核、律法監管等，都有制度。至明清兩代，其制度更為完善、嚴格。

宋代官學之中，課程中已有陰陽學及其考試的內容。（宋徽宗崇寧三年〔一一零四年〕崇寧算學令：「諸學生習……並曆算、三式、天文書。」「諸試……三式即射覆及預占三日陰陽風雨。天文即預

定一月或一季分野災祥，並以依經備草合問為通。」

金代司天臺，從民間「草澤人」（即民間習術數人士）考試選拔：「其試之制，以《宣明曆》試推步，及《婚書》、《地理新書》試合婚、安葬，並《易》筮法，六壬課、三命、五星之術。」（《金史》卷五十一・志第三十二・選舉一）

元代為進一步加強官方陰陽學對民間的影響、管理、控制及培育，除沿襲宋代、金代在司天監掌管陰陽學及中央的官學陰陽學課程之外，更在地方上增設陰陽學課程（《元史・選舉志一》：「世祖至元二十八年夏六月始置諸路陰陽學。」）地方上也設陰陽學教授員，培育及管轄地方陰陽人。（《元史・選舉志一》：「（元仁宗）延祐初，令陰陽人依儒醫例，於路、府、州設教授員，凡陰陽人皆管轄之，而上屬於太史焉。」）自此，民間的陰陽術士（陰陽人），被納入官方的管轄之下。

至明清兩代，陰陽學制度更為完善。中央欽天監掌管陰陽學，明代地方縣設陰陽學正術，各州設陰陽學典術，各縣設陰陽學訓術。陰陽人從地方陰陽學肄業或被選拔出來後，再送到欽天監考試。（《大明會典》卷二二三：「凡天下府州縣舉到陰陽人堪任正術等官者，俱從吏部送（欽天監），考中，送回選用；不中者發回原籍為民，原保官吏治罪。」）清代大致沿用明制，凡陰陽術數之流，悉歸中央欽天監及地方陰陽官員管理、培訓、認證。至今尚有「紹興府陰陽印」、「東光縣陰陽學記」等明代銅印，及某某縣某某之清代陰陽執照等傳世。

清代欽天監漏刻科對官員要求甚為嚴格。《大清會典》「國子監」規定：「凡算學之教，設肄業生。滿洲十有二人，蒙古、漢軍各六人，於各旗官學內考取。漢十有二人，於舉人、貢監生童內考取。附學生二十四人，由欽天監選送。教以天文演算法諸書，五年學業有成，舉人引見以欽天監博士用，貢監生童以天文生補用。」學生在官學肄業、貢監生肄業或考得舉人後，經過了五年對天文、算法、陰陽學的學習，其中精通陰陽術數者，會送往漏刻科。而在欽天監供職的官員，《大清會典則例》「欽天監」規定：「本監官生三年考核一次，術業精通者，保題升用。不及者，停其升轉，再加學習。如能黽勉供職，即予開復。仍不及者，降職一等，再令學習三年，能習熟者，准予開復，仍不能者，黜退。」除定期考核以定其升用降職外，《大清律例》中對陰陽術士不準確的推斷（妄言禍福）是要治罪的。《大清律例·一七八·術七·妄言禍福》：「凡陰陽術士，不許於大小文武官員之家妄言禍福，違者杖一百。其依經推算星命卜課，不在禁限。」大小文武官員延請的陰陽術士，自然是以欽天監漏刻科官員或地方陰陽官員為主。

官方陰陽學制度也影響鄰國如朝鮮、日本、越南等地，一直到了民國時期，鄰國仍然沿用着我國的多種術數。而我國的漢族術數，在古代甚至影響遍及西夏、突厥、吐蕃、阿拉伯、印度、東南亞諸國。

術數研究

術數在我國古代社會雖然影響深遠，「是傳統中國理念中的一門科學，從傳統的陰陽、五行、九宮、八卦、河圖、洛書等觀念作大自然的研究。……傳統中國的天文學、數學、煉丹術等，要到上世紀中葉始受世界學者肯定。可是，術數還未受到應得的注意。術數在傳統中國科技史、思想史，文化史、社會史，甚至軍事史都有一定的影響。……更進一步了解術數，我們將更能了解中國歷史的全貌。」（何丙郁《術數、天文與醫學中國科技史的新視野》，香港城市大學中國文化中心。）

可是術數至今一直不受正統學界所重視，加上術家藏秘自珍，又揚言天機不可洩漏，「（術數）乃吾國科學與哲學融貫而成一種學說，數千年來傳衍嬗變，或隱或現，全賴一二有心人為之繼續維繫，賴以不絕，其中確有學術上研究之價值，非徒癡人說夢，荒誕不經之謂也。其所以至今不能在科學中成立一種地位者，實有數因。蓋古代士大夫階級目醫卜星相為九流之學，多恥道之；而發明諸大師又故為惝恍迷離之辭，以待後人探索；間有一二賢者有所發明，亦秘莫如深，既恐洩天地之秘，復恐譏為旁門左道，始終不肯公開研究，成立一有系統說明之書籍，貽之後世。故居今日而欲研究此種學術，實一極困難之事。」（民國徐樂吾《子平真詮評註》，方重審序）

現存的術數古籍，除極少數是唐、宋、元的版本外，絕大多數是明、清兩代的版本。其內容也主要是明、清兩代流行的術數，唐宋或以前的術數及其書籍，大部分均已失傳，只能從史料記載、出土文獻、敦煌遺書中稍窺一鱗半爪。

術數版本

坊間術數古籍版本，大多是晚清書坊之翻刻本及民國書賈之重排本，其中豕亥魚魯，或任意增刪，往往文意全非，以至不能卒讀。現今不論是術數愛好者，還是民俗、史學、社會、文化、版本等學術研究者，要想得一常見術數書籍的善本、原版，已經非常困難，更遑論如稿本、鈔本、孤本等珍稀版本。在文獻不足及缺乏善本的情況下，要想對術數的源流、理法、及其影響，作全面深入的研究，幾不可能。

有見及此，本叢刊編校小組經多年努力及多方協助，在海內外搜羅了二十世紀六十年代以前漢文為主的術數類善本、珍本、鈔本、孤本、稿本、批校本等數百種，精選出其中最佳版本，分別輯入兩個系列：

一、心一堂術數古籍珍本叢刊

二、心一堂術數古籍整理叢刊

前者以最新數碼（數位）技術清理、修復珍本原本的版面，更正明顯的錯訛，部分善本更以原色彩色精印，務求更勝原本。并以每百多種珍本、一百二十冊為一輯，分輯出版，以饗讀者。

後者延請、稿約有關專家、學者，以善本、珍本等作底本，參以其他版本，古籍進行審定、校勘、注釋，務求打造一最善版本，方便現代人閱讀、理解、研究等之用。

限於編校小組的水平，版本選擇及考證、文字修正、提要內容等方面，恐有疏漏及舛誤之處，懇請方家不吝指正。

心一堂術數古籍 珍本 整理 叢刊編校小組

二零零九年七月序

二零一四年九月第三次修訂

卜易拆字祕傳目錄

上海國醫學社編輯

上編 卜易（即文王課）

第一章 卜易入門

第二章 卜易必讀

第三章 卜易秘訣

第七章　分類斷卦

下編 拆字

第五章　名家測字

卜易拆字祕傳

上海國醫學社編輯

上編卜易（卽文王課）

第一章　卜易入門

天干地支八卦方位之圖

△八卦陰陽歌訣（熟讀）

乾爲父。震爲長男。坎爲中男。艮爲少男。俱屬陽。坤爲大母。巽爲長女。離爲中女。兌爲少女。俱屬陰。

△六十四卦歌訣（熟讀）

乾爲天。天風姤。天山遯。天地否。風地觀。山地剝。火地晉。火天大有。爲乾宮八卦俱屬金。

坎爲水。水澤節。水雷屯。水火旣濟。澤火革。雷火豐。地火明夷。地水師。爲坎宮八卦俱屬水。

艮爲山。山火賁。山天大畜。山澤損。火澤睽。天澤履。風澤中孚。風山漸。爲艮宮八卦俱屬土。

震爲雷。雷地豫。雷水解。雷風恆。地風升。水風井。澤風大過。澤雷隨。爲震宮八卦俱屬木。

巽爲風。風天小畜。風火家人。風雷益。天雷無妄。火雷噬嗑。山雷頤。山風蠱。爲巽宮八卦俱屬木。

離爲火。火山旅。火風鼎。火水未濟。山水蒙。風水渙。天水訟。天火同人。爲離宮八卦。俱屬火。坤爲地。地雷復。地澤臨。地天泰。雷天大壯。澤天夬。水天需。水地比。爲坤宮八卦。俱屬土。兌爲澤。澤水困。澤地萃。澤山咸。水山蹇。地山謙。雷山小過。雷澤歸妹。爲兌宮八卦。俱屬金。

△以錢代蓍占卦法

卜易之法。自周文拘因羑里。演易爲六十四卦。闡明易理之祕旨。其道大備。因是有文王課之名。後世卜易者。都敬奉周文爲老祖。古時占卦。例用蓍草。亦憑單雙爲爻數。自京房始創以錢代蓍之法。後學取其活動便捷。咸奉爲圭臬。至今幾不知有用蓍占課之法矣。代蓍法。每遇占課。雙手捧持長約三四寸之有蓋小竹筒。內藏銅錢三枚。熏於爐香上。端凝神而祝曰。「天何言哉。叩即應之。神之靈矣。感而遂通。今有某某。(問事人姓名)有事關心。不知休咎。罔釋厥疑。惟神惟靈。若可若否。望垂昭報。」祝畢。手持竹筒上下搖動。啓蓋將錢倒出。看是一背爲單。記號爲一、。兩背爲拆。記號爲兩八。三背爲重。畫上一〇。三字爲交。打上一×。一背單爻爲陽。(擲得字背之記號俱稱爻、)第一擲爲初爻、第二擲爲二爻、第三擲爲三爻、(自下裝上、)得三背爲陽動。例作一點。兩背拆爻爲陰。得三字謂之陰動。例作兩八。三擲得三爻。而內卦成。再祝曰「某宮三象吉凶未判。再求外卦」祝畢。再搖再擲。記號如前、稱作四爻五爻六爻。如得單單單曰乾。拆拆拆曰坤。單拆單曰離。拆單拆曰坎。餘卦類推。(參看第四章)三背三字之爻謂發動。動必有變。重變拆。交變單。

△卦象三爻寫法（自下裝上）

乾三連。、、、得三爻俱是單爲乾卦。

坤六斷。八八八連得三爻俱是拆爲坤卦。

震仰盂。八八、初爻單。二爻三爻俱是拆爲震卦。

艮覆盌。、八八初爻二爻俱是拆。三爻單爲艮卦。

離中虛。、八、初爻單。二爻拆。三爻單爲離卦。

坎中滿。八、八初爻拆。二爻單。三爻拆爲坎卦。

兌上缺。八、、初爻

二爻俱是單三爻拆爲兌卦巽下斷、、八初爻拆二爻俱是單三爻拆爲巽卦

△點卦舉例說明

八　〇　〤
六爻　五爻　四爻　（上三爻爲外卦）
〇　八　、
三爻　二爻　初爻　（下三爻爲內卦）

初學點卦但見一點兩點無動爻之卦容易明白如見〇兒〤兒之動爻卦如上式者不甚明白宜細心演習如占得此卦另紙點出將圈下加一點〤下加兩點欲知何卦參看動卦圖及演式餘卦類推因動爻不能作原卦論例如乾卦第六爻變動戌土變爲未土與夬卦第六爻同六親雖不改當易名乾之夬之例也上列卦象三爻寫法祇分八宮未能概括六十四卦於是一點二點之外又用世應兩字爲區別

△動變世應說明

六爻不動則不變不動者祇見一背兩背也若見三背三字點作〇〤者謂之動動則必變例如乾卦、、、初爻動則變成巽卦、、八又如坤卦三爻動〤〤〤變作乾卦、、、是卽陽動變陰陰動變陽配卦全憑世爻爲準則隔世爻兩位便是應爻須將六十四卦之世爻位次讀熟則點定爻象後卽知屬何卦名要知世爻爲卜易之最要關鍵旣爲配卦之眉目更爲論斷吉凶之標準也

△世爻生剋吉凶

凡自占吉凶者以世爻爲用神尋地以世爻爲穴世爻旺相或日月動爻生扶或應來生世合世（憑干支五行生剋冲合推詳）及世動化吉化回頭生化進神者諸占皆吉不宜世値休囚及被日月動爻冲剋或應來冲世剋世及世動化凶化回頭剋化退神者諸占皆凶世爻發動變出巳午之火謂之回頭生世變出寅卯之木謂之回頭剋世變出辰土謂之回頭冲世變出卯木謂之合世

△應爻生剋吉凶

應爻例隔世爻兩位凡代占吉凶者當以應爻爲用

神。尋地以應爻爲對山。世爲自己。應爲他人。故應來生世者吉。應來剋世者凶。

第二章　卜易必讀

△天干五行方位

甲乙東方木。丙丁南方火。戊己中央土。庚辛西方金。壬癸北方水。

△地支五行生肖

子水鼠。丑土牛。寅木虎。卯木兔。辰土龍。巳火蛇。午火蛇。未土羊。申金猴。酉金雞。戌土狗。亥水猪。

△地支五行

寅卯屬木。巳午屬火。申酉屬金。亥子屬水。辰戌丑未屬土。

寅午戌三合合火局。亥卯未合木局。巳酉丑合金局。申子辰合水局。辰戌丑未合土局。謂之三合。

寅刑巳。三刑巳刑申。未刑丑。丑刑戌。子刑卯。卯刑子。辰辰相刑。午午相刑。酉酉相刑。亥亥相刑。謂之三刑。

子與丑。六合合。寅與亥合。卯與戌合。辰與酉合。巳與申合。午與未合。謂之六合。

子午相冲。丑未六冲相冲。寅申相冲。卯酉相冲。辰戌相冲。巳亥相冲。謂之六冲。

子未相穿。丑午六害相穿。寅巳相穿。卯辰相穿。申亥相穿。酉戌相穿。謂之六害。

△生旺墓絕定例

金長生在巳。旺在酉。墓在丑。絕在寅。　木長生在亥。旺在卯。墓在未。絕在申。　火長生在寅。旺在午。墓在戌。絕在亥。　水土長生在申。旺在子。墓在辰絕在巳

△五行旺相休囚

正二月木爲旺。火爲相。土金水俱作休囚。　三月土爲旺。金爲相。木雖不旺尚有餘氣。水火俱作休囚。　四五月火爲旺。土爲相。金水木俱作休囚。　六月土爲旺。金爲相。火雖不旺尚有餘氣。木水俱作休囚。　七八月金爲旺。水爲相。木火土俱作休囚。　九月土爲旺。金爲相。水木火俱作休囚。　十月十一月水爲

旺木爲相火土金俱作休囚 十二月土爲旺金爲相水雖不旺尚有餘氣木火俱作休囚

△五行相生（熟讀）

金生水水生木木生火火生土土生金

△五行相剋（熟讀）

金剋木木剋土土剋水水剋火火剋金

△六親生剋（熟讀）

生我者爲父母剋我者爲官鬼我生者爲子孫我剋者爲妻財扶我者爲兄弟

△六神配爻定例（熟讀）

甲乙日元武、白虎、螣蛇、勾陳、朱雀、青龍 丙丁日青龍、元武、白虎、螣蛇、勾陳、朱雀 戊日朱雀、青龍、元武、白虎、螣蛇、勾陳 己日勾陳、朱雀、青龍、元武、白虎、螣蛇 庚辛日螣蛇、勾陳、朱雀、青龍、元武、白虎 壬癸日白虎、螣蛇、勾陳、朱雀、青龍、元武（此爲六神按日配卦定例）

第三章 卜易秘訣

△學習裝卦秘訣

余初學卜易僅知第一章所載點卦法苦於不明五行六親裝卦之法遍叩卜易家答語含混不肯明白見告旋悉老友胡君精通易理亟往請益願爲弟子胡君曰切磋琢磨原屬友朋之天職吾非江湖術士賴卜易以謀生者願以眞傳秘訣假爾抄錄言下卽出八宮裝卦全圖授余曰汝遇起課六爻點準後檢查此圖卽知當裝某宮某卦後附卜易占驗分論各卦斷法雖則卷帙無多卜易之要旨具備舉一反三不難融會貫通也余展圖披閱莫名其妙問曰圖中所裝之五行六親及地支有無一定秘訣乎胡君曰有之名曰納甲裝卦歌訣宜先讀熟再將安世應訣看明然後披閱八宮裝卦圖固然一目了然不看圖祇須讀熟各種歌訣亦可裝卦矣言下卽出納甲裝卦歌詳加指數是眞我之益友良師也茲將歌圖錄後

△納甲裝卦歌訣（自下裝起初爻在下六

爻在上卦卦如此）

乾金甲子外壬午（附註乾金者卦名乾爲天爲乾宮第一卦屬金也甲子者內卦初爻配甲子也外壬午者外卦第四爻配壬午也所當知者內外卦三爻之天干都與初爻四爻同所異者地支字）子寅辰午申戌（附註此卽乾爲天卦六爻所配之地支字也演式如下

壬戌土世
壬申金
壬午火
甲辰土應
甲寅木
甲子水

按式中六爻所配五行根據地支五行（見前）而來故裝卦時可以單寫地支及五行天干字可從略）

坎水戊寅外戊申（附註坎水者卦名坎爲水爲坎宮第一卦屬水也戊寅者內卦初爻之干支外戊申者外卦第四爻之干支也）寅辰午申戌子（附註此卽坎卦六爻所配之地支也至於天干六爻俱屬戊艮土丙辰外丙戌辰午申戌子寅）裝法與前二卦同不再附註）以下五宮裝法見八宮裝卦全圖

△分配六親祕訣

六親者卽生我者爲父母我生者爲子孫剋我者爲官鬼我剋者爲妻財比和者爲兄弟是也每卦裝點地支五行後皆須分配六親方可論斷旺相休咎其法乃取卦身所屬五行與六爻所屬五行對照我卽指卦身所屬五行與六爻五行相配分別生剋而得六親茲舉乾宮第一卦爲例演式以說明之乾爲天屬金

戌土世　父母
申金　兄弟
午火　官鬼
辰土應　父母
寅木　妻財
子水　子孫

（說明）卦身屬金與初爻子水相配乃是金生水是我生者故配子孫二爻寅木與卦身金相配乃是金剋木是我剋者故配妻財三爻辰土與卦身金相配乃是土生金是生我者故配父母四爻午火與卦身金相配乃是火剋金是剋我者故配官鬼五爻申金與卦身金相配金與金相碰是比和者（亦稱扶我）故配兄弟六爻戌土與卦身金相

配。乃是土生金。是生我者故配父母。餘卦仿此。要知六十四卦所屬五行。止分八宮。卽乾金、坎水、艮土、震木、巽木、離火、坤土、兌金是也。明瞭此訣。裝卦易如反掌矣。

▲八宮裝卦圖（初學點爻、不會裝五行六親者。祇須將六爻點準。卽可按圖裝配。如欲自裝。須讀渾天甲子。）

▲乾宮八卦圖

乾為天 金	父戌、母土世	兄申、弟金	官午、鬼火	父辰、母土應	妻寅、財木	子子、孫水
天山遯 金	父戌、母土	兄申、弟金應	官午、鬼火	兄申、弟金	官午八鬼火世	父辰八母土
風地觀 金	妻卯、財木	官巳、鬼火	父未八母土世	妻卯八財木	官巳八鬼火	父未八母土應
火地晉 金	官巳、鬼火	父未八母土	兄酉、弟金世	妻卯八財木	官巳八鬼火	父未八母土應
天風姤 金	父戌、母土	兄申、弟金	官午、鬼火應	兄申、弟金	子亥、孫水	父丑八母土世
天地否 金	父戌、母土應	兄申、弟金	官午、鬼火	妻卯八財木世	官巳八鬼火	父未八母土
山地剝 金	妻寅、財木	子子八孫水世	父戌八母土	妻卯八財木	官巳八鬼火應	父未八母土
火天大有 金	官巳、鬼火應	父未八母土	兄酉、弟金	兄辰、弟土世	妻寅、財木	子子、孫水

▲坎宮八卦全圖

坎為水 水	兄子八弟水世	官戌、鬼土	父申八母金	妻午八財火應	官辰、鬼土	子寅八孫木
水澤節 水	兄子八弟水	官戌、鬼土	父申八母金應	官丑八鬼土	子卯、孫木	妻巳、財火世
水雷屯 水	兄子八弟水	官戌、鬼土應	父申八母金	官辰八鬼土	子寅八孫木世	兄子、弟水

澤水革（水）	地火明夷（水）	水火既濟（水）	雷火豐（水）	地水師（水）
官鬼未土八	父母酉金八	兄弟子水八應	官鬼戌土八	父母酉金八應
父母酉金、	兄弟亥水八	官鬼戌土、	父母申金八世	兄弟亥水八
兄弟亥水、世	官鬼丑土八世	父母申金八	妻財午火、	官鬼丑土八
兄弟亥水、	兄弟亥水、	兄弟亥水、世	兄弟亥水、	妻財午火八世
官鬼丑土八	官鬼丑土八	官鬼丑土八	官鬼丑土八應	官鬼辰土、
子孫卯木、應	子孫卯木、應	子孫卯木、	子孫卯木、	子孫寅木、

▲艮宮八卦全圖

艮為山（土）
官鬼寅木、世
妻財子水八
兄弟戌土八
子孫申金、應
父母午火八
兄弟辰土八

山天大畜（土）	火澤睽（土）	風澤中孚（土）	山火賁（土）	山澤損（土）	天澤履（土）	風山漸（土）
官鬼寅木、	父母巳火、	官鬼卯木、	官鬼寅木、	官鬼寅木、應	兄弟戌土、	官鬼卯木、應
妻財子水八應	兄弟未土八	父母巳火、	妻財子水八	妻財子水八	子孫申金、世	父母巳火、
兄弟戌土八	子孫酉金、世	兄弟未土八世	兄弟戌土八應	兄弟戌土八	父母午火、	兄弟未土八
兄弟辰土、	兄弟丑土八	兄弟丑土八	妻財亥水、	兄弟丑土八世	兄弟丑土八	子孫申金、世
官鬼寅木、世	官鬼卯木、	官鬼卯木、	兄弟丑土八	官鬼卯木、	官鬼卯木、應	父母午火八
妻財子水、	父母巳火、應	父母巳火、應	官鬼卯木、世	父母巳火、	父母巳火、	兄弟辰土八

▲震宮八卦全圖

震為雷 木	雷水解 木	雷地豫 木	雷風恆 木	地風升 木	澤風大過 木	水風井 木
妻戌八 財土世	妻戌八 財土	妻戌八 財土	妻戌八 財土應	官酉八 鬼金	妻未八 財土	父子八 母水
官申八 鬼金	官申八 鬼金應	官申八 鬼金	官申八 鬼金	父亥八 母水應	官酉、 鬼金	妻戌、 財土世
子午、 孫火	子午、 孫火	子午、 孫火應	子午、 孫火	妻丑八 財土	父亥、 母水世	官申八 鬼金
妻辰八 財土應	子午八 孫火	兄卯八 弟木	官酉、 鬼金世	官酉、 鬼金	官酉、 鬼金	官酉、 鬼金
兄寅八 弟木	妻辰、 財土世	子巳八 孫火	父亥、 母水	父亥、 母水世	父亥、 母水	父亥、 母水應
父子、 母水	兄寅、 弟木	妻未八 財土世	妻丑八 財土風	妻丑八 財土	妻丑八 財土應	妻丑八 財土

澤雷隨 木
妻未八 財土應
官酉、 鬼金
父亥、 母水
妻辰八 財土
兄寅八 弟木世
父子、 母水

▲巽宮八卦全圖

巽為風 木	風火家人 木	天雷無妄 木	山雷頤 木	風天小畜 木
兄卯、 弟木世	兄卯、 弟木	妻戌八 財土	兄寅、 弟木	兄卯、 弟木
子巳、 孫火	子巳、 孫火應	官申、 鬼金	父子八 母水	子巳、 孫火
妻未八 財土	妻未八 財土	子午、 孫火世	妻戌八 財土世	妻未八 財土應
官酉、 鬼金應	父亥、 母水	妻辰八 財土	妻辰八 財土	妻戌、 財土
父亥、 母水	妻丑八 財土世	兄寅八 弟木	兄寅× 弟木	兄寅、 弟木
妻丑八 財土	兄卯、 弟木	父子、 母水應	父子、 母水應	父子、 母水世

、

△離宮八卦全圖

風雷益 木	火雷噬嗑 木	山風蠱 木	離為火 火	火風鼎 火	山水蒙 火	火山旅 火
兄弟卯木、應	子孫巳火、	兄弟寅木、應	兄弟巳火、世	兄弟巳火、	父母寅木、	兄弟巳火、
子孫巳火、	妻財未土八世	父母子水八	子孫未土八	子孫未土八應	官鬼子水八	子孫未土八
妻財未土八	官鬼酉金、	妻財戌土八	妻財酉金、	妻財酉金、	子孫戌土八世	妻財酉金、應
妻財辰土八世	妻財辰土八	官鬼酉金、世	官鬼亥水、應	妻財酉金、	兄弟午火八	妻財申金、
兄弟寅木八	兄弟寅木八應	父母亥水、	子孫丑土八	官鬼亥水、世	子孫辰土、	兄弟午火八
父母子水、	父母子水、	妻財丑土八	父母卯木、	子孫丑土八	父母寅木八應	子孫辰土八世

△坤宮八卦全圖

水火未濟 火	風水渙 火	天水訟 火	天火同人 火	坤為地 土	地澤臨 土
兄弟巳火八應	父母卯木、	子孫戌土、	子孫戌土、應	子孫酉金八世	子孫酉金八
子孫未土、	兄弟巳火、	妻財申金、	妻財申金、	妻財亥水八	妻財亥水八應
妻財酉金八	子孫未土世八	兄弟午火、世	兄弟午火、	兄弟丑土八	兄弟丑土八
兄弟午火、世	兄弟午火八	兄弟午火八	官鬼亥水、世	官鬼卯木八應	兄弟丑土八
子孫辰土八	子孫辰土、應	子孫辰土、	子孫丑土八	父母巳火八	官鬼卯木、世
父母寅木、	父母寅木、	父母寅木八應	父母卯木、	兄弟未土八	父母巳火、

兌宮八卦全圖

雷天大壯 土	水天需 土	地雷復 土	地天泰 土	澤天夬 土	水地比 土
兄弟戌土 八	妻財子水 八	子孫酉金 八	子孫酉金 八應	兄弟未土 八	妻財子水 八應
子孫申金 八	兄弟戌土 、	妻財亥水 八	妻財亥水 八	子孫酉金 、世	兄弟戌土 、
父母午火 、世	子孫申金 八世	兄弟丑土 八應	兄弟丑土 八	妻財亥水 、	子孫申金 八
兄弟辰土 、	兄弟辰土 、	兄弟辰土 八	兄弟辰土 、世	兄弟辰土 、	官鬼卯木 八世
官鬼寅木 、	官鬼寅木 、	官鬼寅木 八	官鬼寅木 、	官鬼寅木 、應	父母巳火 八
妻財子水 、應	妻財子水 、應	妻財子水 、世	妻財子水 、	妻財子水 、	兄弟未土 八

兌為澤 金	澤地萃 金	水山蹇 金	雷山小過 金	澤水困 金	澤山咸 金	地山謙 金
父母未土 八世	父母未土 八	子孫子水 八	父母戌土 八	父母未土 八	父母未土 八應	兄弟酉金 八
兄弟酉金 、	兄弟酉金 、應	父母戌土 、	兄弟申金 八	兄弟酉金 、	兄弟酉金 、	子孫亥水 八世
子孫亥水 、	子孫亥水 、	兄弟申金 八世	官鬼午火 、世	子孫亥水 、應	子孫亥水 、	父母丑土 八
父母丑土 八應	妻財卯木 八	兄弟申金 、	兄弟申金 、	官鬼午火 八	兄弟申金 、世	兄弟申金 、
妻財卯木 、	官鬼巳火 八世	官鬼午火 、	官鬼午火 八	父母辰土 、	官鬼午火 八	官鬼午火 八應
官鬼巳火 、	父母未土 八	父母辰土 、應	父母戌土 八應	妻財寅木 八世	父母辰土 八	父母辰土 八

雷澤歸妹
八應 金戌土 父母
八 申金 兄弟
、午火 官鬼
八世 丑土 父母
、卯木 妻財
、巳火 官鬼

△安排世應歌訣（讀熟）

八卦之首世六當（附註八宮第一卦世位一律排在第六爻、自下裝上推算）以下初爻輪上當。（附註八宮第二卦初爻安世、第三卦二爻安世、逐步上安、故曰輪上當、八宮俱是如此安排）游魂八宮四爻立。（游魂之卦共有八、見後、遇之四爻安世）歸魂八卦三爻詳。（附註遇歸魂卦三爻安世位、隔世爻兩位便是應爻。）

△游魂歸魂卦名（讀熟）

游魂卦　火地晉。地火明夷。風澤中孚。澤風大過。天水訟。水天需。山雷頤。雷山小過。（世位俱在第四爻。）

歸魂卦　火天大有。天火同人。風山漸。山風蠱。地水師。水地比。雷澤歸妹。澤雷隨。（世位俱在第三爻）

△六冲六合卦名

六冲卦十　乾爲天。艮爲山。震爲雷。巽爲風。離爲火。坤爲地。兌爲澤。天雷无妄。雷天大壯。（八宮第一卦背爲六冲）

六合卦八　天地否。水澤節。山火賁。雷地豫。火山旅。地雷復。地天泰。澤水困。

△渾天甲子歌訣（熟讀此歌、八宮內外卦之地支五行。一目了然。不必查圖。卽可裝卦矣）

乾在內卦。（附註言地支五行在乾宮內卦也、）子水、寅木、辰土。乾在外卦。午火、申金、戌土。坎在內卦。寅木、辰土、午火。坎在外卦。申金、戌土、子水。艮在內卦。辰土、午火、申金。艮在外卦。戌土、子水、寅木。震在內卦。子水、寅木、辰土。震在外卦。午火、申金、戌土。巽在內卦。丑土、亥水、酉金。巽在外卦。未土、巳火、卯木。離在內卦。卯木、丑土、亥水。離在外卦。酉金、未土、巳火。坤在內卦。未土、巳火、卯木。坤在外卦。丑土、亥水、酉金。兌在內卦。巳火、卯木、丑土。兌在外卦。亥水、酉金、未土。

△用神分類定例

(一)占祖父、母父、母師、長家主、伯叔、姑嫂、與我父母同輩之親友及城牆、宅舍、舟車、衣服、求雨、經營、章奏、文章、館舍。俱以父母爻爲用神。 (二)占功名、官府、雷電、鬼神、丈夫之同輩及親友、亂臣、盜賊、邪祟、憂疑、病症、尸首、逆風、順風等。俱以官鬼爲用神。 (三)占兄弟姊妹。夫妻之兄弟、世兄弟、盟兄弟及知交朋友、俱以兄弟爲用神。 (四)占嫂與弟婦、妻妾婢僕及親友妻妾、物價、錢財、珠寶、金銀、倉庫、錢糧、什物、器皿、俱以妻財爲用神。 (五)占兒女、孫姪、女壻、門生、忠臣良將、藥材、六畜、僧道、禽獸、順風、陰晴、解憂、避禍、俱以子孫爻爲用神。 (六)僕占主人、以父母爻爲用神。主占僕例以妻財爻爲用神。占兄弟之妻之姊妹以財爻爲用神。占夫之兄弟以官鬼爻爲用神。又當知兄弟爻爲風雲、官鬼爻爲逆風、子孫爻爲順風、貴人以子孫爻爲惡煞、庶人以子孫爻爲福神、全在取用者神而化之。既得用神須看有元神動而生扶否。有忌神動而剋害否。

△元神忌神仇神舉例

元神者。爲生用神之爻若得旺相。(附註憑占卦月分而定、如在正二月取木爲旺火爲相、查旺相休囚訣便知) 或臨日月及旺動化回頭生者(註見後)諸占皆吉。 忌神者。爲剋用神之爻以衰靜爲宜。若見旺動。諸占大凶。 仇神者。剋制元神不能生用神。反生忌神而剋害用神者。例如金爲用神。土能生金。六爻中何爻配土。即是元神。剋金者火也。配火之爻。即是忌神。剋土生火者木也。木爻即爲仇神。餘可類推。

△重要星宿定例 (熟讀)

(天喜)春戌夏丑秋辰冬未。 (月德)寅午戌月在丙。亥卯未月在甲。巳酉丑月在庚。申子辰月在壬。

(貴人)甲戊庚牛羊。乙巳鼠猴鄉。丙丁猪鷄位。壬癸兔蛇藏。六辛逢馬虎。此是貴人方。 (驛馬)申子辰馬在寅。巳酉丑馬在亥。寅午戌馬在申。亥卯未馬在巳。

第四章　斷易南針

卜易僅能點爻裝卦。配五行。分世應。不過嫻熟觀之方式耳。欲知所裝之卦爲吉爲凶。須於六爻之動變。五行之生剋冲合刑害。（諸訣必須熟讀）六親之喜忌等求之。義理精深。卦象玄妙。苟非研窮易理。奚能盡悉其底蘊。茲就野鶴老人之卜易心得。選錄其論理明晰。貼切實用者。論列於後。以便學易者之研究。

△長生掌訣（熟讀）

假如火長生在寅從寅上起順行卯上沐浴辰上官帶依次順行木長生在亥從亥上餘可類推

長生。沐浴。官帶。臨官。帝旺。衰。病。死。墓。絕。胎。養。

△月破舉例（熟讀）（凡月建所冲之爻爲月破。月破起卦必須寫明年月日時之干支。檢查新印萬年歷即知）。

立春正月節建寅破申。驚蟄二月節建卯破酉。清明三月節建辰破戌。立夏四月節建巳破亥。芒種五月節建午破子。小暑六月節建未破丑。立秋七月節建申破寅。白露八月節建酉破卯。寒露九月節建戌破辰。立冬十月節建亥破巳。大雪十一月節建子破午。小寒十二月節建丑破未。

△六甲旬空起例

甲子旬中戌亥空。（附註、甲子日起至癸酉日止。十日爲一旬。旬內無戌亥。故曰戌亥空。以下五個旬空仿此。）甲寅旬中子丑空。甲辰旬中寅卯空。甲午旬中辰巳空。甲申旬中午未空。甲戌旬中申酉空。

△進神退神起例（熟讀）

進神例　寅化卯。巳化午。申化酉。亥化子。辰化未。未化戌。戌化丑。丑化辰。

退神例　卯化亥。午化巳。酉化申。子化亥。辰化丑。丑化戌。戌化未。未化辰。

△日月建傳符訣（熟讀）

日建加青龍。財祿喜重重。朱雀宜施用。勾陳事未通。騰虵多怪異。白虎破財凶。元武陰私擾。應在日時中。月建如逢此。斷法亦相同。

△六親變化歌訣（熟讀）

父母化父母。進神文書許、化子不傷丁。化鬼官遷舉。化財宅長憂。兄弟爲泄氣。（此以父母爲主。遇動而化。）子孫化退神。人財不稱情。化父田蠶敗。化財加倍榮。化鬼憂生產。兄弟謂相生。（以子孫爲主。遇動爻而化。）官化進神。祿求官應疾速。化財占病凶。化父文書遂。化子必傷官。化兄弟不睦。（以官鬼爲主。遇動爻而化。）妻財化進神。錢財入宅來。化官憂戚戚、化子笑哈哈。化父宜家長。化兄主破財。（以妻財爲主、遇動爻而化。）兄弟化退神。凡占無所忌。化父妾奴驚。化財財不遂。化官弟有災。化子却如意。（以兄弟爲主。遇動爻而化。）附註此訣當與進神退神同看。父母化父母者。本爻變動。辰土父母化爲未土父母是也。餘可類推。

△六親發動歌訣（熟讀）

父動當頭剋子孫。病人無藥主昏沈。姻親子息應難得。買賣勞心利不生。占問行人書信動。官司下狀理先分。士人科舉登金榜。失物逃亡要訴論。（附註此訣專論父母爻當頭變動之吉凶）即可據此以斷

子孫發動傷官鬼。占病求醫身便痊。行人買賣身康泰。婚姻美滿是前緣。產婦當生子易養。詞訟私和不到官。謁貴求名休進用。勸君守分聽平天。（子孫動於爻中。雖主諸事吉昌。求官不利。然須兼看他爻有無冲剋也。）

官鬼從來剋兄弟。婚姻未就生疑滯。病困家中禍祟來。耕種蠶桑皆不利。出外逃亡定見災。詞訟官司遭囚繫。買賣財輕賭博輸。失物難尋多暗昧。（官鬼動剋兄弟。諸事皆凶。爻中不有生合旺相發見矣。）

財爻發動剋文書。應舉求名總是虛。將本經營爲大

吉姻親如意樂無虞行人在外身將動產婦臨盆快易生失物猶存家未出病人傷胃又傷脾（妻財爻動只利經商與生產功名無望也

兄弟爻重（重爲○交爲㐅即占爻變動之象）剋妻財病人難愈未離災應舉奪標爲忌客宜非陰賊耗錢財若帶吉神還有助行人道阻未歸來經營貨物防虧折買婢求妻事不諧（兄弟爻發動諸事凶多吉少）

△用神發動歌訣（參看用神分類定例）

用神發動在爻中縱值休囚亦不凶更得生扶兼旺相管教作事永亨通

△用神空亡歌訣（熟讀）

發動逢冲不謂空靜空遇剋却爲空忌神最喜逢空吉用神元神不可空春土夏金秋樹木三冬逢火是眞空旬空又值眞空象再遇爻傷到底空

△世應生剋歌訣（熟讀）

世應相生則吉世應相剋則凶世應比和事中平（世爻應爻之干支五行相同謂之比和）作事謀爲可用應動他人反變應空他意難同世空世動我心慵只恐自家懶動

△忌神元神動靜歌（熟讀）

看卦先須看忌神（參看忌神元神伏神舉例即知各卦忌神元神所在）忌神宜靜不宜與（與動也）忌神反要逢傷剋若遇生扶用（用神也）受刑元（作原）神發動志揚揚用伏藏兮（參看第五章飛伏神卦例斷）也不妨須要生扶兼旺相最嫌化剋與逢傷

△六爻動靜歌訣（熟讀）

（六爻亂動訣）六爻亂動事難明須向當中看用神用遇休囚遭剋害須知此事費精神

（六爻安靜訣）卦遇六爻安靜當看用與日辰日辰剋用及相刑作事還當謹愼更將世應推究忌神切莫加臨世應臨用及原神作事斷然昌盛

△諸爻持世歌訣（熟讀）

世爻旺相（正二月占卦、世卦臨木爲旺、遇火爲相、餘查第二章五行旺相休囚即知、）最爲宜。作事亨通。大吉昌謀望諸般皆遂意。用神生合妙難量。旬空月破逢非吉。剋害刑冲遇不良。

父母持世（父母與世字同在一爻者、謂之父母持世也、子孫與世字同在一爻者、謂之子孫持世、其餘官鬼妻財兄弟等持世、皆同此例、）主身勞。求嗣妾衆也難招。官動財安宜赴試。財搖謀利莫心焦。占身財動無賢婦。又恐區區壽不高。

子孫持世事無憂。求名切忌坐當頭。避亂許安失可得。官訟無妨可了休。有生無剋諸般吉。有剋無生反見愁。

官鬼持世事難安。占身（終身也）不病也遭官。財物時時憂失脫。功名最喜世當權。入墓愁疑無散日。逢冲轉禍變成歡。

妻財持世財益榮。兄若交重不可逢。更遇子孫明暗動。（註見後）利身剋父喪文風。求官問訟宜財托。動變兄官（兄弟官鬼二爻有動變也、）萬事凶。

兄弟持世莫求財。官興須慮福將臨。朱雀幷臨防口舌。如搖必定損妻財。父母相生身有壽。化官化鬼有奇災。

△六神發動歌斷（六神一作六獸、此歌當與第二章六神配爻舉例同時讀熟、）

青龍發動附用（用神也）通進財。進祿福無窮。臨仇遇忌都無益。酒色成災在此中。

朱雀交重（動變也）文印旺。煞神相併漫勞功。是非口舌皆因此。動出生身卻利公。

勾陳發動憂田土。累歲迍邅爲忌逢。生用有情方是吉。若然安靜不迷蒙。

螣蛇鬼剋憂思繞。怪夢陰魔暗裏攻。持木落空休道吉。逢冲之日莫逃凶。

白虎交重喪惡事。官司疾病必成凶。持世動剋妨人口。遇火生身便不同（火爻配白虎也。）

玄武動搖多暗昧。若臨官鬼賊交攻。有情生世邪無犯。仇忌臨之姦盜凶。

△日辰生剋歌訣（熟讀）

問卦先須看日辰日辰剋用不堪親。（占卦日建剋用神也。）日辰與用相生合作事何愁不趁心

△靜爻暗動釋義。

靜爻旺相日辰冲之為暗動靜爻若遇休囚。日辰冲之。為日破暗動有凶有吉凡用神休囚得元神暗動以相生。忌神明動。得元神暗動而生用神者皆為喜兆。若用神休囚無助而遇忌神暗動尅害用神皆非吉兆。

△卦爻動變釋義

以錢起卦。六爻不動。但見單拆。不見重交。謂之靜爻。所得正卦只在八宮六十四卦中。容易裝配若遇六爻變動謂之動爻。見三背畫○謂之陽動當作陰見三字畫×謂之陰動。當作陽所得之卦有反吟伏吟等區別。卦名較多於正卦。而且卜易諸書中。只有八宮正卦圖。而動爻變出之卦皆付缺如。後學起得動爻卦。束手無從裝配矣。用是先將動變之義。說明後列動爻配卦圖以資後學檢查

動變有卦變爻變之別。卦變者內外六爻俱動而反伏者如乾卦變坤卦等是點卦當畫六個○。爻變者內外卦反伏。各動兩爻如升之觀是點卦當作××八○○八。又有外卦反伏而內卦不動者如觀之坤。是點卦當作○○八八八八又有內卦反伏而外卦不動者。如巽之觀。是點卦當作一一八○○八。此不過舉例耳變動之卦名甚多欲知變出是何卦必須深明反吟伏吟及六十四正卦裝配之義方能盡悉變動卦之名稱。

△反吟卦之定例

反吟卦有二。一為卦之反吟。二為爻之反吟。卦之反吟係卦變相冲。爻之反吟係爻變相冲。例如乾卦坐于西北。乾右有戌乾左有亥巽卦坐於東南巽右有辰巽左有已。兩卦相對有辰戌已亥相冲故乾為天卦變巽為風卦巽變乾。天風姤卦變風天小畜小畜

風卦此乾巽二卦相冲反吟卦也。坎卦坐於正北。坎下坐子。離卦坐於正南。離下坐午。兩卦相冲。有子午離下坐火。坎下坐水。故水火既濟變未濟。水火未濟變既濟。此坎離二卦相冲反吟之一也。艮卦坐于東北。艮右有丑。艮左有寅。坤卦坐于西南。坤右有未。坤左有申。二卦相對。有丑未寅申相冲。故坤爲地卦變艮。此艮坤二宮反吟之一也。震卦坐於正東。震下坐卯。兌卦坐於正西。兌下坐酉。兩卦相對。有卯酉相冲。故震卦變兌。兌卦變震。爲雷此震兌二卦相冲反吟之一也。以上爲卦之反吟。又有子變午。午變子。丑變未。未變丑。寅變申。申變寅。卯變酉。酉變卯。辰變戌。戌變辰。巳變亥。亥變巳。此乃爻之反吟。亦以變出相冲爲例。

△伏吟卦之定例

伏吟卦有三。乾卦變震。震變乾。无妄變大壯。大壯變无妄。此子寅辰復化子寅辰。午申戌復化午申戌。內外卦伏吟之一也。

姤卦變恆。恆變姤。遯變小過。小過變遯。否變豫。豫變否。豐變同人。同人變豐。履變歸妹。歸妹變履。解變訟。訟變解。此午申戌復化午申戌。外卦之伏吟二也。

大有卦變噬嗑。噬嗑變大有。屯變需。需變屯。大畜變頤。頤變大畜。隨變夬。夬變隨。小畜變益。益變小畜。泰變復。復變泰。此子寅辰復變子寅辰。內卦之伏吟三也。

△內外卦動變圖（圖中尙有遺漏、參看第五第六奉動卦演式）（吉凶憑正卦論斷、變卦祇看動爻）

卦變類

風天小畜變
○、八應○、、世
卯木兄弟 巳火子孫 未土妻財 辰土妻財 寅木兄弟 子水父母

水澤節卦
子水父母 丑土妻財

雷天大壯變
八 八 ○世 、 、 、應
戌土 申金 午火父母 辰土 寅木 子水

地天泰卦
兄弟子孫丑土兄弟兄弟官鬼妻財

澤雷隨卦變
八應、、八世×○
未土酉金亥水辰土寅木子水兄弟父母

澤水困卦
妻財官鬼父母妻財辰土寅土妻財兄弟

雷風恆變
八應×、、世、八
戌土申金官鬼午火酉金亥水丑土

澤風大過卦
妻財酉金官鬼子孫官鬼父母妻財

天水訟變
○、、世八、八應
戌土子孫申金午火午火辰土寅木

澤水困卦
未土子孫妻財兄弟兄弟子孫父母

地火明夷變
八××世、、、應
酉金亥水丑土兄弟官鬼亥水丑土卯木

澤火革卦
父母酉金亥水父母兄弟兄弟官鬼子孫

山雷頤變
、八八世八×、應
寅木子水戌土辰土寅木子水兄弟

山澤損卦
兄弟父母妻財妻財卯木兄弟父母

雷澤歸妹變
八應×、、八世、、
戌土申金兄弟午水丑土卯木巳火

兌為澤卦
父母酉金兄弟官鬼父母妻財官鬼

山雷頤變
、八×世×八、應
寅木子水戌土辰土妻財妻財寅木子水

離為火卦
兄弟父母酉金寅水官鬼父母兄弟父母

天地否變
、應○○八世八八
戌土申金午火兄弟官鬼卯木巳火未土

山地剝卦
父母子水戌土子孫父母妻財官鬼父母
、×應×、、世、

山天大畜變
寅木子水戌土妻財兄弟辰土寅木子水

乾爲天卦
官鬼申金午火子孫父母兄弟官鬼妻財
八應、×八世×八

水地比變
子水戌土申金子孫卯木巳火父母未土

澤水困卦
妻財兄弟亥水妻財官鬼辰土兄弟兄弟
八×八世、×、應

地火明夷變
酉金亥水兄弟丑土亥水丑土官鬼卯木

水天需卦
父母戌土官鬼官鬼兄弟寅木子孫子孫
八、八世、○、應

水天需變
子水戌土申金辰土寅木官鬼子水

水火既濟卦
妻財兄弟子孫兄弟丑土兄弟妻財

澤地萃卦
八、應、八×世八
未土酉金亥水卯木己火官鬼未土

澤水困卦
父母兄弟子孫妻財辰土父母父母
○應×、八世○八

水火未濟變
己火未土兄弟子孫酉金午火辰土子孫寅木

澤地萃卦
未土酉金子孫兄弟妻財兄弟己火兄弟父母
、八應八○、世○

山天大畜變
寅木子水戌土辰土兄弟寅木子水妻財

山水蒙卦
官鬼妻財兄弟午火兄弟官鬼寅木官鬼
、應○、、世八八

天火同人變
戌土申金妻財午火亥水丑土卯木

離爲火卦
子孫未土子孫兄弟官鬼子孫父母
八應、八×世八八

水地比變
子水戌土申金卯木官鬼巳火未土

水山蹇卦
妻財兄弟子孫申金子孫父母兄弟
○、八世、八八應

風地觀變
卯木妻財己火未土卯木巳火木土

水地比卦
子水子孫官鬼父母妻財官鬼父母
、世、八、應○×

巽爲風變
卯木巳火未土酉金亥水父母丑土妻財

風火家人卦
兄弟子孫妻財官鬼丑土妻財卯木兄弟
○應八、、世、、

火天大有變
巳火官鬼未土酉金辰土寅木子水

雷天大壯卦
戌土父母父母兄弟父母妻財子孫
八×、世、、、應

雷天大壯變
戌土申金子孫午火辰土寅木子水

澤天夬卦
兄弟酉金子孫父母兄弟官鬼妻財
、世、○、應、、

乾爲天變
戌土申金午火官鬼辰土寅木子水

風天小畜卦
父母兄弟未土父母父母妻財子孫
、○世○八、應○

天澤履變
戌土申金子孫午火父母丑土卯木巳火父母

山水蒙卦
兄弟子水妻財戌土兄弟兄弟官鬼寅木官鬼
×、世○、、應○

澤天夬變
未土兄弟酉金亥水妻財辰土寅木子水妻財

巽爲風卦
卯木官鬼子孫未土兄弟兄弟官鬼丑土兄弟
、、、世×八、應

天雷无妄變
戌土申金午火辰土妻財寅木子水

天火同人卦
妻財官鬼子孫亥水父母兄弟父母
八、×應×、、世
水澤節變
子水戌土申金父母丑土官鬼卯木己火
澤天夬卦
兄弟官鬼亥水兄弟辰土官鬼子孫妻財
×〇世、〇〇應〇
澤天夬變
未土兄弟酉金子孫亥水辰土兄弟寅木官鬼子水妻財
火地晉卦
己火父母未土兄弟妻財卯木官鬼己火父母未土兄弟
、應〇八、世××
風山漸變
卯木己火父母未土申金午火父母辰土兄弟
山天大畜卦
官鬼子水妻財兄弟兄弟寅木官鬼子水妻財
八世、、×應、〇
兌爲澤變
未土酉金亥水丑土父母卯木己火官鬼
澤風大過卦
父母兄弟子孫酉金兄弟妻財丑土父母

天澤履變
、、世、×、應、
戌土申金午火丑土兄弟卯木己火
乾爲天卦
兄弟子孫父母辰土兄弟鬼父母
八八應、八、世×
雷水解變
戌土申金午火午火辰土寅木兄弟
雷澤歸妹卦
妻財官鬼子孫子孫妻財己火子孫
山地剝變
〇八世八×八應八
寅木妻財子水戌土寅木妻財己火未土
地山謙卦
酉金兄弟子孫父母申金兄弟官鬼父母
八×世、〇八應、
雷火豐變
戌土申金父母午火亥水兄弟丑土卯木
澤雷隨卦
官鬼酉金兄弟妻財辰土官鬼官鬼子孫

風澤中孚變　、〇×世八　、、應
卯木父母　己未土兄弟　丑土　卯木　己火

火澤睽卦　官鬼　未土兄弟　酉金子孫　兄弟　官鬼　父母

雷地豫變　八　八　、應×　八　八世
戌土　申金　午火　卯木兄弟　己火　未土

雷山小過卦　妻財　官鬼　子孫　申金官鬼　子孫　妻財

八應）　八　×世八　×
水地比變　子水　戌土兄弟　申金　卯木官鬼　己火　木土兄弟

地火明夷卦　妻財　亥水妻財　子孫　亥水妻財　父母　卯木官鬼

以上俱爲卦變之卦名。可以按圖檢查。至於論斷。仍照正卦五行爲準。惟須注重卦中之動爻遇生合旺相動化回頭生者吉。冲剋刑空破墓絕者凶。(說明)卦變卦。六十四卦互相變化。爲數甚夥。限于篇幅。不及全數錄出。欲窺全豹。購卜筮正宗等書檢查可也。後列之爻變卦亦僅一部分。以外參看卜筮正宗。

爻變類

需之乾卦
財子 ×化戌
兄戌 、
子申 世化午
兄辰 、
官亥 、
財子 、應

遁之姤卦
父戌 、
兄申 、應
官午 、
兄申 、
官午 ×世化亥
父辰 八

升之師卦
官酉 、
父亥 、
才丑 、世
官酉 〇化午
父亥 八
才丑 八應

夬之履卦
父未 ×化戌
子酉 、世
才亥 、
兄辰 〇化丑
官寅 、應
才子 、

萃之遁卦
父未 八
兄酉 、應
子亥 、
才卯 ×化申冲
官己 八世
父未 八

井之節卦
父子 八
才戌 、世
官申 八
官酉 〇化丑
父亥 、應
才丑 ×化己

艮之明夷卦 〇世化八寅酉官 八子才 八戌兄 、應申子 八午父 ×化辰卯兄

家人之小畜卦 、卯兄 、應己子 八未才 、亥父 ×世化丑寅才 、卯兄

萃之同人卦 ×化未戌父 、應酉兄 、亥子 ×化卯亥才 八世己官 ×化未卯父

離之坤卦 、世己兄 八未子 〇化酉丑才 、應亥官 八丑子 〇化卯未父

益之無妄卦 、應卯兄 、己子 ×化未午才 八世辰才 、寅兄 、子父

師之渙卦 ×應化酉申父 ×化亥已兄 八丑官 八世午才 、辰官 八寅子

豫之歸妹卦 八戌才 八中官 、應午子 八卯兄 ×化己卯子 變世化未己才

家人之益卦 、卯兄 、應己子 八未才 〇化亥辰父 八世丑才 、卯兄

（說明）爻變之卦甚多。不及一一備載、睹閱卜筮正宗。不僅可窺爻變之全豹。並可明瞭各卦之吉凶。欲知爻變各卦之五行。當查八宮六十四卦全圖。例如豫之歸妹卦。查豫五行配準。再將動爻變出之五行。塡明查歸妹卦。然後如法論斷。斷卦參考書以黃金策爲第一。劉誠意所撰。其中有總斷千金賦一篇。論斷卦義頗詳。且精足爲復學楷模。本書限於篇幅不遑引證也。

第五章　占卦凡例

問卦誠心則靈。如必懷兩三事同時占問。決無靈驗。假令占功名而得子孫持世。以爲不吉。而再占必欲得官鬼持世而後已。亦無此理。即强而占得亦不驗矣。至於斷卦。必先熟讀渾天甲子。五行、六親、六神、以及其他緊要歌訣（歌訣見前）然後細看六爻動靜。

及用神元神忌神。先寫年月日時干支。次將六神寫出。然後照卦象按事實。進易理論斷。庶乎近之。至於準不準。當憑易學之深淺而定。茲將占卦各種秘訣列後。以資後學楷模。

△卜易論斷總訣

卜易之道。乃伏羲、文王、周公、孔子、四聖之心法。得其神髓者。可以參天量地。粗知義理者。亦可趨吉避凶。凡學卜易之入門秘訣。前四章已概論及之。本章進一步。詳言占斷秘訣。其法先須看明爻之動變。卦之冲剋。當知占何事。以何爻為用神。再看元神忌神仇神。四時旺相休囚。日月生剋。及旬空月破。管教憑斷有準矣。

如占功名。得旺官持世。或日月動爻作官星。生合世爻。求名猶如拾芥。倘遇子孫持世。或子孫動於卦中。無論占考試卜遷陞。皆如水中撈月。　如占財氣。若得妻財持世。或日月動爻作子孫。生合世爻。或官鬼持世。財動生之。或父母持世。財動剋世。求財均易。若遇兄弟持世。兄爻發動。或世臨旬空月破者。無財

如占一年月令。（即流年）現任官、宜官星持世。財動生之。（變動之財爻與世爻相生也）皆主吉祥。若遇官鬼相剋。日月動爻作子孫。冲剋世爻。或作官鬼冲剋世爻。或世爻空破。或官爻空破。或世動化回頭剋。及子孫持世。皆為凶兆。士民占月令。最喜財爻及子孫爻持世。管許一歲亨通。若遇官鬼持世。得日月動爻作財星。生合世爻者。更主吉昌。若無財動生合世爻。而官鬼持世者。必見災殃。倘世破世空。及鬼動剋世者。多見凶災。兄爻動而剋世者。口舌破財。（總而言之。官民占流年。合世之月則吉。冲世之月則凶皆不宜世爻變鬼。及動化回頭剋。（注見前）又不宜財動化父。父化財。變鬼化父母。見則必有長上之災兄弟變官鬼。或鬼變兄弟。宜防手足之危。財化鬼。鬼化財。財化兄。兄化財。主傷剋妻妾婢僕。子化鬼。鬼化子。父化子。子化父。主小口有傷。青龍天喜。（註見前）持世。生世。主有喜。虎鬼發動。主孝服。（龍虎按逐日

天干排定六神次序、以配六爻、每日更換、參看六神配爻舉例）螣蛇朱雀臨兄鬼動而剋世者須防口舌玄武臨兄鬼動而剋世者防賊盜及陰人纏擾

如占避訟累、防仇害及航海、旅行、深入險地、投宿寺廟營房、經營貿易、誤買盜賊或防火災、瘟疫、虎狼、寇盜或慮踰險偷關或恐招災惹禍或誤吞毒物或已定重罪或占病問醫、凡遇防災慮患但得子孫持世及子孫動於卦中或世動變出子孫或世動化回頭相生或官鬼動而相生卽使身落虎口管許安如泰山惟忌官鬼持世剋世災禍必侵世動化鬼及化回頭剋者禍已驗身避之不及世爻空者無憂破者不利

占病憑患者之身分而斷如自己占病若得世爻旺相或日月動爻生合世爻或子孫持世或子孫動於卦中不拘久病近病立保安康近病而世值旬空或世動、空或卦逢六冲及卦變六冲（八宮第一卦者爲六冲）不須服藥卽可安康久病者遇官鬼持世或日月動爻剋世或世值旬空月破世動化空化破或卦逢六冲或世動化鬼及化回頭剋者速宜醫治遲則無救

占父母病以父母爲用神若得父爻旺相或日月動爻生父母或父動化旺不拘久病近病求神服藥立見安寧—近病者父爻值旬空父動化空或卦逢六冲、可不藥而愈久病者父爻值旬空月破或父動化空、化破、化財財化父母或卦逢六冲及卦變六冲或父爻休囚又被日月動爻冲剋病必凶險速求良醫療治

占兄弟病若得兄爻旺相或臨日月或日月動爻相生或兄動化旺化生不拘病之遠近立許平安—近病遇兄爻值旬空及動而化空或卦逢六冲卦變六冲服藥卽愈久病者兄爻值旬空月破及動而化空化破卦逢六冲卦變六冲兄動化鬼鬼動化兄或兄爻休囚被日月動爻冲剋急急服藥遲則難以治療

如占子孫病遇子孫爻旺相或臨日月及日月動爻

生合。或子孫爻化回頭生、化旺。不拘病之遠近。服藥卽愈。｜近病者。子孫爻值旬空及動而化空。卦逢六冲。卦變六冲者。可不藥而愈。出痘者不宜六冲。久病者。子孫爻值旬空月破及動而化空化破。卦逢六冲。卦變六冲。子孫爻動而化鬼。鬼化子孫。父化子。子化父。及日月動爻冲剋。速宜醫治。遲則難治。

如占妻妾病者。以財爻爲用神。財爻旺相。或臨日月。或日月動爻相生。或財爻化子孫及化帝旺者。不拘病之遠近。治之卽愈。｜近病者。妻財逢旬空及動而化空。或卦逢六冲及卦變六冲。不服藥可愈。久病者。財爻逢旬空月破及動而化空化破。卦逢六冲或財動化鬼。鬼化財。兄弟化財。財化兄弟。病凶不治。

熟讀此總訣。斷卦已入門徑。不過粗知大略。未能深造。兼之卦象萬變。有種種不易明白之卦義。若不盡悉卜易祕奧。占斷便難準確矣。茲將變異之卦演式如下。

△飛伏神卦例斷

神者用神也。如遇用神不上卦。祇可尋取飛神伏神以代之。凡用神不上卦。可以日月用神。倘日月非用神。須于本宮首卦尋之。因各宮首卦六親全備故也。

假令占得天風姤卦

、	戌土	父
、	申金	兄
、應	午火	官
、	酉金	兄
、	亥水	子
八世	丑土	父

若占妻財。例取財爻爲用神。此卦係屬乾宮。當取寅木或卯木爲妻財。今六爻不見寅卯。便是用神不上卦。如在寅卯月日占者。可取日月爲用神。倘非寅卯月日。祇可向本宮首卦乾爲天卦內尋之。

乾宮第一卦乾爲天

、世	戌土	父
、	申金	兄
、	午火	鬼
、應	辰土	父
、	寅木	財
、	子水	子

此卦寅木妻在二爻。借此寅木伏於姤卦亥水之下。姤卦二爻之亥水。卽爲飛神。寅木妻財卽爲伏神。亥水而生寅木。謂之飛來生伏得長生。此乃用神不見。

尋得伏神而遇生扶。無用化有用。例作吉斷。

又如占得天山遯卦

、	戌土	父
、應	申金	兄
、	午火	鬼
、	申金	兄
、世	午火	鬼
八	辰土	父

如占子孫事。例取子孫爲用神。此係乾宮卦以水爲子孫。而六爻不見水。亦是用神不上卦。倘遇亥子月日占此。可以日月爲用神。否則亦必於首卦乾爲天內尋之。屬初爻之子水。伏於遯卦初爻辰土之下。辰土卽爲飛神子水便是伏神。此乃飛來剋伏。（卽土剋水也、）謂之飛剋名曰伏神受制。有用化無用。作凶斷。總之。除八宮首卦外。凡遇用神不上卦。除取日月爲用外。皆當於本宮首卦尋之。又有八宮首卦之用神。若値空破衰絕。可往他宮尋之。如乾宮向坤宮尋取。謂之乾坤往來。是則不足爲法。不如再占一卦以決休咎。

伏神有用者六。一伏神得日月生合者。二伏神旺相者。三伏神得飛神相生者。四伏神得動爻相生者。五伏神得遇日月動爻冲剋飛神者。六伏神得遇飛神空破休囚墓絕者。此六者皆有用之伏神。雖不現如現矣。

伏神無用者五。一伏神休囚無氣者。二伏神被日月冲剋者。三伏神被旺相之飛神剋害者。四伏神墓絕於日月飛神者。五伏神休囚値旬空月破者。此五者乃無用之伏神。雖有若無。

第六章　喜忌演式

▲六爻動變演式

六爻不動則不變。動則必變。如得三背畫〇爲陽動。則變陰。八得三字打〤爲陰動則變陽、是也。假令占得水天需卦變出天水訟卦演式如下。

〤	子水　妻	戌土　兄弟
、	戌土　兄	
〤世	申金　子	午火　父母
〇	辰土　兄	午火　父母
、	寅木　鬼	
〇應	子水　妻	寅木　官鬼
	—正卦	—變卦

△進神退神演式

進神者。亥化子。寅化卯。巳化午。申化酉。丑化辰。辰化未。未化亥。退神者。子化亥。卯化寅。午化巳。酉化申。辰化丑。未化辰。戌化未是也。進神乃出化而前進。猶如有源之水。春木之榮。有久遠長進之象。退神乃由此而漸退。猶如秋柳霜菊。日漸凋零。演式如下。

卯月乙丑日占求婚成否。得火雷噬嗑變水地比卦。

〇	巳火	子孫	子水	父
〤世	未土	財	戌土	
〇	酉金	妻財	申金	財
八	辰		財	
八應	寅		兄	
〇	子水	父母	未土	財

財爻持世化進神。（未化戌也）巳火子動而生世。但因巳火化子水回頭之剋。必待午日冲去子水。午火又合世爻。其婚必成。果於午日允婚行文定禮。

△破吉凶演式

何謂月破。即是正申。二酉。三戌。四亥。五子。六丑。七寅。卯。九辰。十巳。十一午。十二未。月建冲之。即爲月破。

得飛神

諸書皆以用神臨月破。謂之悖時。如枯根朽木。逢生不生。逢傷更傷。雖現於卦。有亦如無。雖有日辰之生。亦不能生。動作忌神。不能爲害。作變爻不能傷剋動爻。此古例也。惟有野鶴老人則謂月破。猶能傷爻變。能傷動。蓋神兆機於動。動無吉凶則不動。動則爲禍福之基。況本月雖破。出月則不破。今日雖破。逢合之日則不破。近應日時。遠應年月。靜而不動。又無日辰動爻生助。則到底破矣。演式如下。

亥月己丑日占將來有官否。得兌化訟卦

〤世	未土	父母	戌土	
、	酉金	兄		
、	亥水	子		
八應	丑土	父		
、	卯木	財		
〇	巳火	官鬼	寅木	

此卦官動而生世。（附註初爻官鬼動、巳火相生世爻之未出也、）世動化進神。（附註未化戌也、）顯然有官祿之象。但官逢月破。（月建爲亥、官爻爲巳、巳亥相冲、故日月破、）世遇旬空。（世爻爲未、適在甲申旬中午未空也、）然空者猶有日辰相冲（日

辰爲丑、世爻爲未、丑未相冲、）冲空則實。不爲空矣。而破者又無日辰動爻之生。占以日辰亦生不起。既無所用。何故動而生世。卦象可疑。再占以決之。

次得水地比卦

八應、　八　八世　八　八
子　戌土　申金　卯木　巳火　未土
財　兄弟　子孫　官鬼　父母　兄弟

斷曰。命若無官。難得官來生世。及官星以持世也。今既前卦得動官相生。此卦又得官臨世位。食祿王家。應在實破之年。後果於巳年得官。若拘泥月破爲百無所用。則謬矣。

例如辰月戊子日占父何日回家。得乾之夬卦。

〇世、　、　、應　、　、
戌土　申　午　辰　寅　子
父　兄　官　父　財　子
未土

斷曰。父爻持世。破而化空。（辰月與世戌相冲、謂之冲破）既無日生。又無動助。以古法論斷。作用神冲破無氣。其父當無歸理。而野鶴不取古法。竟斷朱雀臨父。（戌日朱雀當第六爻、故云朱雀臨父、）動而持世。乃吉兆。卯日有信至。午未日必歸。果於卯日得信。己未日到家。應卯日得信。破而逢合之日也。應未日到家。父化未土。旬空出空之日也。

△隨鬼入墓演式

古法、以世爻隨鬼入墓。（墓指長生掌訣中之墓絕而言）本命隨鬼入墓。卦身世身隨鬼入墓。爲凶兆。泥此則逢辰戌丑未之日。不免有數爻隨鬼入墓。不敢占卦矣。倘使深信其說。不必看刑冲剋害破散絕空。凡占疾病。但看隨鬼入墓。即知吉凶。安有如此容易。凡遇世爻用爻隨鬼入日墓。或入動墓。或動而化墓。並且休囚無氣者。始見凶危。若旺而有扶。亦有救解。舉例如下。

申月戊辰日占夫病。癸亥命。得同人之離

、　〇應　、　、世　八　、
戌　申金　午　亥水　丑　卯
子　財　兄　鬼　子　父
　　未土

妻占夫例取亥水官鬼爲用神同本命癸亥墓於辰日。乃是夫星夫命同入墓也。照古法論必死。野鶴論斷。不獨不死。反謂明日可愈。其理安在。蓋因辰日冲動戌土以生申金。而世爻亥水空亡。不受其生。明日爲己巳冲起亥水。得遇金生。其病必愈。果於次日得良醫一藥而愈。

未月戊辰日占已定重罪。可蒙赦否。得蠱之損。

、應	寅	兄	
八	子	父	
八	戌	財	
○世	酉	鬼	丑
、	亥	父	
╳	丑	財	巳

世爻隨鬼入動墓。又動而化墓。古法爲凶。野鶴却以吉斷。因日月生世。丑墓月破。破網破羅。容易漏出。明年逢酉。定蒙赦免。及至次年辰月。果得蒙赦而出。總之世爻用爻遇休囚被剋而入墓者爲眞凶。餘則非眞。

△獨發獨靜演式

五爻俱動。一爻不動。謂獨靜。五爻不動。一爻獨動。謂之獨發。至於論斷。當憑生剋冲破旺相休囚。不以六爻之動靜判休咎也。

如辰月甲午日占開煤得家人變益卦

、	卯	兄	
、應	巳	子	
八	未	財	
○	亥水	父	辰土財
八世	丑土	財	
、	卯	兄	

丑土財爻持世。午日生之。許其可開。問應何時見煤。斷曰。丑土財盡。未月冲開。應在六月。那知開至六月。無煤。歇而復開。開而復歇。未年占卦。直至亥年辰月。始見煤。乃應於獨發亥水化辰土。年月俱應也。

又如申月己未日占賊來否得大畜變泰卦

○	寅木	鬼	酉金子
八應	子水	財	
八	戌土	兄	
、	辰土	兄	
、世	寅木	鬼	
、	子水	財	

此卦世臨破鬼而入日墓。（申月與世爻之寅相冲。謂之月破。故云世臨破鬼）應自身之厄而獨發動

爻鬼變子孫子女亦多危險勿信世臨破鬼禍患消
之古語而不加防備也時値土匪橫行倏來倏去一
日忽報匪至占卦者攜妻而逃已出里門因小女未
隨復歸抱女土匪擁至與女同遭賊害論斷皆驗
又如寅月庚戌日占女病得水火未濟變山水遯

○應　巳兄　子
╳　未子　戌
○　酉財　申
╳世　午兄　申
○　辰子　午
八　寅父

此係獨靜卦五爻皆動惟初爻不動古有以獨靜而
斷應期辟如此卦寅木獨靜斷寅日生乎抑寅日死
乎當看用神以決之此卦土爲子孫雖遇休囚得巳
午火動而生之未土子孫化進神辰土子孫化回頭
生寅日當愈然亦不敢下斷語命伊再占一卦
得姤變无妄

、　戌父
、　申兄
、應　午鬼
○　酉兄　辰
○　亥水子　寅木
╳世　丑父　子

斷曰亥水子孫化寅木空亡近病逢空卽愈出空之
日亦寅日也與前卦相合寅日大愈後果應驗

△空亡釋義演式

空亡、卽旬空（參看前六甲旬空起例）如甲子至
癸酉日爲一旬此十日中並無戌亥在此旬中占卦
爻逢戌亥卽爲空亡故六甲旬空起例必須熟讀或
者預先同値日六神一併寫出亦可而旬空有眞空、
假空、做空、動空、冲空、塡空、援空無故自空有散而空
墓空、絕空、害空、破空、安空之別古法太覺麻煩矣而
野鶴則謂旺不爲空動不爲空日建動爻生扶者不
爲空動而化空伏而旺相者亦不爲空惟月破爲空
有炁不動亦爲空伏而被剋亦爲空眞空者春土夏
金、秋木冬火是也初學遇旬空往往無法論斷以爲
到底全空却又應乎塡實之日以爲不空却又到底
全空解決之法凡遇旬空命其再占一卦吉者許其
出旬不空凶者斷空
如辰月乙卯日占求財得家人之賁

、	卯	兄		
○應	巳火	子孫	子水	父母
八	未	財		
、	亥	父		
八世	丑土	財		
	卯	兄		

丑財持世遇旬空。（在甲辰旬中卯日爲空亡）雖有巳火之生而己火又化回頭之剋（動爻巳火能生世土、變出之子水又回頭土剋水也、）不生丑土之財。世財既無生扶。當主難求。但因三月子丑土財還有氣。有法有氣不爲空。不敢竟斷。試再占一卦以決之。

次得睽之損

、	巳	父伏		
、	未	子水	財	
○世	酉金	子孫	戊土	兄
八	丑	兄		
、	卯	鬼		
、應	巳	父		

斷曰。以此卦合前卦而決之。財無氣矣。不必勞心妄求。彼問何故。野鶴曰。前卦丑財雖空而有氣。後卦子水財空。伏於五爻未土之下。伏而又空。空而被剋。故知其無財。其人不信。往求。非但分文未得。反受損失。

△生旺墓絕演式

長生掌訣計分十二。玆何以獨舉生旺墓絕回字演式。蓋因野鶴占卦。只驗此四字。其餘皆不驗。置不論。（生旺墓絕訣見前）例如主事爻屬木。（求財以財爻爲主事）占卦爲亥日。即是主事爻長生于亥日。若在卯日占卦。木旺于卯。未日占卦木旺于未。申日占卦。木絕于申。其餘仿此。又如主事爻屬水。卦中動出妻爻者。亦爲主事爻遇長生。動出父爻謂之主事爻入動墓。卦中動出申金者。謂之主事爻逢絕。餘類推。又如主事爻屬木。動而變出亥水者。謂之化長生。又動而變出卯木者。謂之化旺。動而變出未土者謂之化墓。動而變出申金者。謂之化絕。餘類推。一金雖長生在巳。但須金爻旺相。或日月動爻生扶。再遇巳日占卦。或是卦中動出巳爻。或金爻動而化巳火。皆謂之遇長生。倘金爻休囚無氣。再遇巳午火多者。謂之烈火煎金。論剋不論生。金爻雖墓于丑。若得未土冲動。或卦中土多生金。論生不論墓。一土爻雖絕于巳。必須休囚無氣。又逢巳爻。方謂之絕。若土爻旺相。或得日月動爻生扶。再遇巳爻。巳火反能生土。論生不論絕也。一巳爻雖長生于寅。倘日月動爻及變出之爻。又逢申金者。謂之三刑。論刑不論生也。

例如己卯日占妻病得震之豐

八世　八　、　╳　八　、
戌　申　午　辰土　寅　子
　　　　　財亥水

取辰土財爻爲用神。近病逢冲即愈。久病當于辰日或酉日告痊。許以辰日者。取辰土逢值之日。許以酉日者。取辰與酉合動而逢合之日也。後來連日昏沈。至子日方愈。應辰土財爻旺于子。占時未及想到。

△反伏卦義演式

卦有卦變。爻有爻變。卦變者。六爻全動。爻變者。內外卦各動兩爻論卦。以不動爲善。動則不論占何事。都有反復。如內卦反伏。則內不安。外卦反伏。則外不寧。內外反伏者。內外不安之象也。演式如下。

卯月壬申日占隨現任官上任得比之升

八應　、　八　╳世　╳　八
子財　戌兄　申子　卯木官鬼　巳火父母　未兄
　　　　　　　酉金子孫　亥水財

斷曰。世臨官鬼。値月建而旺。隨去必成。惟因內卦反伏。必有反復。而且世爻絕于申日。又化回頭冲剋。此行不吉。不去爲宜。其人因至戚得好缺。捨不得不去。隨之赴任閩。三月城陷于賊寇。與官同遇害。

△元神忌神衰旺演式

元神能生用神。須要旺相。其例有五。一元神旺相。或臨日月。或日月動爻生扶者。二元神動化回頭生及化進神者。三元神長生帝旺于日辰者。四元神與忌神同動者。五元神旺動臨空化空者。（參看元神忌神伏神舉例出處一目了然矣）

如酉月辛卯日占求財（得兌爲澤卦變雷水解卦）

八世　未土　父
○　酉金　兄　申金　兄
、元神　亥水　子
八應　丑土　父
、用神　卯木　財
○　巳火　官　寅木　財

斷曰。甲寅日必得見財。吉卦也。其人問曰。（亦明易理之人）卯木財爻。空而且破。又被金剋初爻巳火。宮雖生世。亥日冲散。又化旬空。何以爲吉。（動變之卦皆照正卦論斷吉凶）野鶴答曰神兆機于動。予從來不言散。正因巳火化空。所以目下不見財。必待甲寅日出空而見。蓋因寅木之財以生官。宮來生世也。後果應驗。此卦求財。例取卯木財爻爲用神。亥水子孫爲生用神之元神。蓋水生木也。（參看用神分類舉例）

忌神雖動。又有不能剋用神者有七。一、忌神休囚不動。動而休囚被日月動爻剋制者。二、忌神靜臨空破。三、忌神入三墓。四、忌神衰動化退神。五、忌神衰而又絕。六、忌神動化絕化剋化破化散者。七、忌神與元神同動者。以上皆屬無力之忌神。不能爲害。諸占遇之。化凶爲吉。

例如巳月乙未日自占病（得澤風大過卦變火風鼎卦）

X　未土　財　巳火　子
○　酉金　鬼　未土　財
、世　亥水　父
、　酉　官
、　亥　父
八應　丑　財

自占病。當取世爻亥水父母爲用神。被未土忌神動而剋水。幸得酉金元神亦動。（金生水故爲元神、土剋水故爲忌神）忌神未土反生元神之酉金。金生亥水。接續相生。化凶爲吉矣。豈知亥水月冲日剋。値月破而被剋。雖有生扶。生之不起。如樹木無根。寒谷不能回春也。果於癸卯日病歿。應冲去元神之日也。此卦爲用神無根。元神有力亦難生之例也。

△五行生剋演式

凡用神元神宜乎逢生。如月建生。日建生。動爻生。動

化回頭生。爻中遇之。者是吉兆。（五行相生訣見前）

卯月己卯日弟占兄得重罪。母卯關能救否。（得地雷復卦變辰爲雷）

八　酉金　子
、　亥水　財
X應　丑土　兄　午火　父
八　辰土　兄
八　寅木　鬼
、世　子水　財

弟占兄例取兄弟爲用神。而卦中丑土兄動。被日月卯木所剋。明現大罪難、脫幸得兄爻丑土化午火父。母回頭相生。（火生土也）斷曰。宜速進行。父母化兄而回頭相生。神告顯然後果蒙恩赦免死。凡忌神仇神雖宜于逢剋。而月剋日剋、動爻剋、動化回頭剋。此四剋用神元神若逢其一。他處不見生扶。則爲凶兆。占事樂極生悲。占凶事宜急急迴避（五行相剋訣見前」

卯月戊戌日占父重罪有救否（得澤地萃卦變天火同人）

X　未土　父　戊土　父
、應　酉　兄
、　亥　子
X　卯木　財　亥水　子
八世　巳火　鬼
X　未土　父　卯木　鬼

外卦未土父母。卯月剋之。內卦亥卯未合成木局。又相剋制。月剋日刑。全無救助。凶兆也。後果罹重刑。

△剋處逢生演式

受此處之剋。得彼處之生。爲剋處逢生。用神元神剋少生多爲吉。忌神則反之。故曰忌神宜剋不宜生也。

辰月丙申日占弟出痘臨危有救否（得既濟卦變革卦）

八應　子　兄
、　戌　鬼
X　申金　父　亥水　兄
、世　亥水　兄
八　丑　鬼
、　卯　子

斷曰。月建辰土雖剋亥水。（月建五行、隨所得正卦分配、日建亦然）賴申日以生之。又得動爻相生。雖危有救。果於本月酉時得名醫救活。至亥日全愈。

△動靜生剋演式

六爻安靜旺相之爻可以生得休囚之剋亦可以剋得休囚之爻猶如有力之人也

假令春天寅卯月占得坤卦

八世	八	八	八應	八	八
酉金	亥水	丑土	卯木	巳火	未土
子	財	兄	官	父	兄

如占父母巳火爲用神三爻卯木當春旺相能生巳火即爲父母相巳火父母既逢春木相生父旺能剋子孫如占子孫則衰矣春木當令能剋丑土未土臨兄弟如占兄弟謂之休囚無氣餘仿此　卦有動爻能剋靜爻而靜爻縱使旺相亦不能剋動爻蓋靜者如坐如臥動者如行走之人也

△動變生剋冲合演式

卦有動必變變出之爻只能生剋冲合本位之動爻不能生剋他爻而他爻與本位之動爻亦不能生剋

假令子月卯日占得坤卦變火地晉卦

╳世	八	╳	八應	八	八
酉金	亥	丑土	卯	巳	未
子	財	兄	鬼	父	兄
巳火		酉金			
父		子			

六爻酉金發動酉爲動爻變出巳火巳爲變爻變爻之巳火只能回頭生本位之酉金不能生剋他爻四爻之丑土動而能生世爻之酉金不能生變出之酉金（以上二說一則云變出之巳火只能剋本位之酉金一則云丑土動不能生變出之酉金二說似乎自相矛盾實則變爻不受他爻生剋也）亦不能生剋他爻然則變爻熟能制之惟有占卦之日月能生之剋之冲之合之其故何耶蓋日月如天能生剋動爻靜爻飛爻伏爻變爻而諸爻皆不能傷日月即如此卦月建子水能剋世爻變出之卯火卯爲日建能冲變出之酉金是也

△月將當權演式

月將即是月建又稱月令掌一月之乘權察六爻之

善惡。有抑強扶弱制變爻扶飛伏之力。如無用神。可以月建爲用神不必尋伏神也月建入卦動而作元神者爲福更大動作忌神者爲禍更烈。

列如酉月丙寅日占謁貴得山風蠱變山水蒙。

、應	寅	兄	
八	子	父	
八	戌	財	
○世	酉金	官	子午火
、	亥	父	
八	丑	財	

世臨月建之官。當得見面。但被午火回頭之剋。須待子日冲去午火方得拜謁果得見於丙子日

△六合六冲演式

六合(歌訣見前)之法有六。卽日月合爻。爻與爻合。爻動化合。卦逢六合。六冲卦逢六合。六合卦變六合等是。日月合爻者。如丑月占得坎卦世爻子水與月建作合是也。卦逢六合者。乃六爻自相和合。六冲卦變六合者。乃八宮首卦內外卦變而成六合者也。凡得六合卦諸占皆吉惟必用神有氣相宜用神失陷則無益。六冲卦變六合。可以不看用神。

如未月丁巳日占巳悔之婚還可成就否。(得離卦變火山旅)

、世	巳	兄	
八	未	子	
、	酉	財	
、應	亥	鬼	
八	丑	子	
○	卯木	父	子辰土

此卦雖然難以吉斷。惟因屢驗六冲卦變合。散而復聚。離而必合。此婚一定可成。果於亥年三月成婚。又有三合成水金火木四局者。(三合訣見前第二章) 其法有四。一卦之內有一爻動而成局者一也。有兩爻動而成局者二也。有內卦初爻三爻動而變出之爻成三合者三也。外卦四爻六爻動而變出之爻成三合者四也。然此三合卦有凶有吉。○如占功名合成官局。謂之官旺。合成財局。財旺生官。倘合成子孫局者。乃傷用之神也。○如占求財。合成財局者。謂之財庫。合成子孫局者。謂之子局。生財。合成兄弟

局者。爲破財耗財阻隔之神也。如占婚姻夫婦宜財官旺而合局。又如占官訟憂疑而合局者。錮結其心難于消釋。○如占財。財局生世利于我。財局生應利于他。○如占家宅田地居外宅不宜外卦剋內居內宅宜內卦生外爻。內卦爲我外卦爲他。外卦合局而生內卦者吉。剋內卦者凶。

如卯月丁巳日上下村農因爭田水斷打。占得離之坤卦。

○應	巳兄	酉財
八	未子	
○	酉財	丑子
○世	亥鬼	卯父
八	丑子	
○	卯	未子

斷曰。內卦爲我村。亥卯未合成木局。外卦爲外村。巳酉丑合成金局。金來剋木。幸衰金不剋旺木。（卯月爲木旺之時）不足畏也。況係六冲卦變六冲。（離坤皆屬六冲）自有人解散。必不成訟。後果經人勸散。

△動散卦象演式

占卦以日辰冲動爻。謂之冲散。又以爻動冲爻。不能冲散。惟旺相及有氣者冲之不散。

如丑月丁酉日占父出外一載無音得風水渙變坎卦

○	卯木父	子水兄
、世	巳火兄	
八	未子	
八	午兄	
、應	辰土子	
八	寅父	

卯木爻爻動而生世。又化子水回頭生。許之在外平安。世空者交春必歸。果於二月得意而回。此卦卯動被酉日冲之。何嘗散也。

第七章　分類斷卦

△占財福

卯月甲申日占終身財福得復之頤

乂	酉子	寅
八	亥財	
八應	丑兄	
八	辰兄	
八	寅鬼	
八世	子水財	

斷曰。五爻亥水財。世爻子水財。皆長生於申日。雖不當令。却得日建之生。獨嫌酉金福神。（子孫爲福德之神、諸事遇之皆喜。惟占功名忌之、）破而化絕。生平衣祿不少。難以積蓄成家。果然此人自三十七歲進某當鋪。三易東家。此人依然爲掌櫃。未得陞缺。每年工食僅資養家。毫無蓄積。

子月乙未日占終身財福得兌卦

八世　、　、　八應　、　、
未　酉　亥　丑　卯　巳
父　兄　子　父　財　官

斷曰。卯木之財•而入未巳之墓。巳火之官休囚無氣。名不能成。利不能就。惜乎旺父臨身。才愈高而和愈寡。況得爻遇六冲。一事無成之象也。後來其人屢逢顯貴聘之。才高氣傲。皆不待瓜期而辭歸。終無成就。

△占功名

午月庚寅日占掣籤分發何處。得大畜變中孚卦

、　〤應　八　、　、世　、
寅　子水　戌　丑土　寅木　子

官　財　兄　兄　官　財
　　巳火

斷曰。世臨寅木。官星必得東缺。非廣東。即山東。獨嫌子水月破。動而化絕。難期到任。蓋因財爲養命之源。且爲朝廷之祿。今財臨絕地。是無財無祿。世爻寅木無水滋生。乃是凶兆。後果應驗。

辰月乙未日占終身功名有無得地火明夷變豐卦

八　八　〤世　、　八　、應
酉　亥　丑土　亥　丑　卯
父　兄　官　兄　鬼　子
　　　　午火

此公原是武廕。已任過卑官。因病告歸。故問將來還有功名否。此卦丑土官星持世。化出午火財旺生官。乃功名顯達之兆也。占卦時爲卯年。巳年援例加捐。官至府佐。戌年陞任太守。古法以動而逢冲謂之散。此卦未冲世爻之丑土。竟不見散。官星獨旺故也。

戌月戊辰日占終身功名有無得蠱卦

、應	八	八	、世	、	八
寅	子	戌	酉	亥	丑
兄	父	財	官	父	財

斷曰。日月作財生世。白虎臨金官持世。若入文途。必以捐職出身。若入武途。可以立功。官星持世。日月生之。應歲五（歲太歲五第五爻也）生世。平步青雲之兆也。後來此人隨營破寨。屢建奇功。官至元戎。

巳月乙卯日占終身功名得旅卦

、	八	、應	、	八	八世
巳	未	酉	申	午	辰
兄	子	財	財	兄	子

斷曰。此卦雖是爻逢六合。嫌其子孫持世。（占功名最忌子孫）官逢月破。難得成名。縱使援例捐官。終難食祿。其人早已納捐。至子年得病。丑年疾歿。

△占壽元

辰月乙巳日占壽得中孚卦

、	、	八世	八	、	、應
卯	巳	未	丑	卯	巳
鬼	父	兄	兄	鬼	父

斷曰。世臨未丑。巳日生之。月建扶之。可遂兒孫期頤之祝。必享高年。此人壽至七旬。

申月巳卯日占壽得山澤損變復

○應	八	八	八	世	○
寅	子	戌	丑	卯	巳
鬼	財	兄	兄	鬼	父
酉			寅		

斷曰。若論父爻鬼動。人壽不久。今見多鬼搖發。反爲無妨。今年太歲在子。還享八年之福。及至未年。鬼多入墓。又是世逢年破。壽運將終矣。後來果於未年七月疾歿。

△占趨避

丑月戊子日占夢得益之中孚卦

朱雀	青龍	元武	白虎	螣蛇	勾陳	
、應	、	八	八世	乂	、	
卯木	巳火	未土	辰土	寅木	子水	
兄	子	財	財	兄	父	
				卯		

此人因夢一身之血。入河洗滌。斷曰。血、財也。洗去者

破財之兆也。卦中螣蛇發動化進神。（寅化卯也）剋世剋財。（寅木剋辰土未土也）不獨刼財。還須防身遭木害。因巽宮屬木。且係木動剋世故也。而世與木爻皆在內卦。出外可以避免。惟巽爲少女。勿近少婦。其人因年近歲逼。不能外出。果於正月亥日宿妾房。被盜入室。席捲一空。身受木器傷。凡占一切避凶。若得子孫持世。或福神動於卦中。皆爲吉兆。

巳月戊辰日占防流兵。得臨之暌卦

雀	〤	酉	子	巳
龍	八應	亥	財	
元	〤	丑	兄	酉
虎	八	丑	兄	
蛇	丶世	卯	鬼	
勾	丶	巳	父	

時值流兵爲害。到處遭殃。有周森者粗知易理。占得此卦。焦急萬狀。以此卦告野鶴曰。巳酉丑合成金局而剋世。世爻又臨螣蛇之鬼。數在刼中。莫能逃也。野鶴笑曰。即使君與兵賊同居。保爾無事。蓋子孫合成金局。剋去身邊之鬼。夫復何憂。周森曰。酉金子孫旺於巳月。又化巳火。論剋不能論生。野鶴曰。酉金得丑未二土以相生。如何論剋。後果屢逢流兵。或避或不避。皆得安然無恙。子孫爲福神。益覺應驗矣。

寅月丁卯日占流年。得益之暌

丶	巳	子	
〇世	未	財	
丶	酉	鬼	
八	辰	財	
〤應	寅	兄	卯
丶	子	父	

斷曰。今秋必有險厄。寅木動爻臨月建。化進神剋世。此時正月太歲發榮。不來剋害。六七月衰墓之時。防土木之厄。宜往外方。可避目下之災。六七月宜往東方。此人捱至七月初七夜。又得凶夢。次晨始向東行。二十八里。始知鄉里地震。人口被傷無數。獨伊得免。亦云幸矣。

巳月丙戌日占通鄉避亂。得乾之大有

丶世	戌	父	
〇	申	兄	未
丶	午	鬼	
丶應	辰	父	
丶	寅	財	
丶	子	子	

衆術士咸以子孫屬水金動生之宜避北方野鶴獨持異議以爲兄動化進神乃破財之象午火得令而生世往南避之爲吉鄉人信之羣趨南方後果賊匪從北來放火燒村而去房屋稻米盡成灰燼乃申金兄動破財之應也所以避難生方爲吉子孫方亦吉又當以衰旺分別火雖鬼方生我何害

△占夫婦

夫婦之占須分別占壽占病占和睦等用途每卦只占一人不能妻妾同問凡得財福生身可遂唱隨之願應爻合世可爲和睦之徵弟兄持世應鼓盆簀踞之悲財動化凶防玉碎珠沈之變財旺兄衰終須反目剋財財退必主生離此爲占論夫婦之大綱

酉月辛巳日占夫婦將來和好否得泰卦

八應　八　八　、世　、　、
酉　亥　丑　辰　寅　子
子　財　兄　兄　鬼　財

斷曰兄弟持世以剋妻財幸財爻亥水酉月生之財旺難於剋害而且巳日冲動亥水又臨驛馬妻財臨馬而暗動心去難留主離之象後果離異○卦中財爻多現若欲分正庶自當以應爻臨財作正室之位倘被日月動爻冲剋及動而化凶主傷結髮之妻若得他爻之財旺相或動而化吉或他爻變出之財旺相及生合世爻者主再娶之妻偕老白頭若遇妻財不臨應爻以正卦之財爲正妻卦變之財爲再娶

巳月丁未日占夫歸偕老否得旡妄變觀卦

、　、　○世　八　八　○應
戌　申　午　辰　寅　子
財　鬼　子　財　兄　父
　　　　未
　　　　財

斷曰滿盤俱是財爻世爻變出之未土與世爻相合此未土之財乃正妻也臨日建遇月生扶不獨偕老且許賢比周南後知此公妻妾十餘人同居正夫人賢而無妬享年八十餘歲

△占子息

寅月癸亥日占子嗣多少得坤之艮卦

乂世　八　八　乂應　八　八
酉　亥　丑　卯　巳　未
子　財　兄　鬼　父　兄
寅　　　　申

斷曰鬼變子孫子孫變鬼見一卽無子此卦兩現無子之兆。其人少年無子自五旬外廣納姬妾連生四子。占卦時長子六歲矣。及至臨終四子早巳相繼先亡。以堂姪爲後○占子嗣若得子孫爻旺或遇生扶。或臨日月及動而化吉。必生賢子子孫衰弱必生癡愚之子。若遇冲剋休囚墓絕空破等有子亦不育。若子孫爻逢空不礙必得子於冲空實空之年

亥月庚子日占子孫有無得屯之節卦

八　、應　八　八　乂世　、
子　戌　申　辰　寅　子
兄　鬼　父　鬼　子　兄
　　　　　　卯

趙公年逾六旬。並無所出。自知易理。占得此卦。喜出望外。以爲子孫爻化子孫。月建合之。日辰生之。有子必多。連納三妾。均不生育。後壽終於任。立姪孫爲嗣。是卽子孫化子孫有後非已出之應也。

△占考試

亥月丙戌日占考試得豐之革卦

八　乂世　、　八應　、
戌　申金　午　亥　丑　卯
鬼　父　財　兄　官　子
　酉金

父母持世化進神。日建作官而生世。文章愈出愈奇。後勝於前。定蒙首選。後果得第一

午月丙辰日占考試得兌卦

龍　元　虎　蛇　勾　朱
八世　、　、　八應　、　、
未　酉　亥　丑　卯　巳
父　兄　子　子　財　官

古法卦逢六冲。冲之卽散。此卦雖係六冲。世爻皆逢旺地。不敢決斷。再占一卦。得臨之師卦

八　八應　八　八　、世　○
酉　亥　丑　丑　卯　巳火
子　財　兄　兄　官　父
　　　　　　寅木

此卦官星持世雖則不旺。初爻官生父旺。與前卦相合許之必發。果得成名。凡得六冲卦官父世爻俱旺者。不必再占。竟許必發。如欠旺者須再占一卦。再得吉者以吉斷。後卦凶者。卽以凶推。○凡得六合卦亦要官父世爻得地。有一失陷。不遇生扶者。雖六合無益也。

△占陞遷候補

財動生官得美缺。官臨日月必遷陞。又旺官持世。及日月動爻作官星生合世爻。或世爻動化出官星生世皆吉。

申月乙亥日占某缺得否得井之節卦

八、世八○、應╳
子戌申酉亥丑
父財官官父財
丑巳

斷曰。內卦巳酉丑合成官局。而生應爻。不來生世。正所謂出現無情。不得其缺。官生應爻故也。果然未得。

寅月乙未日。占陞官。得比之觀。

╳應、八、世八八
子水戌申卯木巳未
財兄子官父兄
卯木

斷曰。卯木旺官持世。子水財動相生。雖則墓午未日。幸世爻得助無妨。果然亥月遷陞。

戌月辛酉日占何月補官得蹇之需。

八、八世、╳╳應
子戌申甲午辰
子父兄兄鬼父
寅子

斷曰。寅木財爻生助午火之鬼。火鬼剋世。乃爲助鬼傷身。幸辰土生申金。午火貪生忘剋。今年冬月必陞。後果陞於冬月。以應辰土化子水空亡。十一月則不空矣。

△占在任吉凶

官旺財興。仕途顯赫。子搖兄動。減俸休官。官旺遇生扶。或動而化吉。世旺財旺。或財動以生世。皆主兵民頌德。宦海無波。官臨日月。生合世爻。三合官局生合世爻。或官星持世。日月生持歲五（註見前）又相生合。近君者必蒙異寵。在位者不次超陞。外任者必叨卓異。若遇兄弟持世。兄爻發動。不是破耗財物。定然減俸除粮。子孫持世。及子動爻中。有剝官削職之憂。倘得官。星休囚而有扶。子孫動而有制。降級而已。凡官旺兄與。清風兩袖。父發鬼旺。恩露三錫。旺父臨世。官動臨歲五。或日月生扶。外任蒙上官識拔。近君得三錫榮加。官鬼安寧。地方少事。鬼爻亂動。地方多災。凡日月冲剋。招誹謗。日月剋官或剋世。朱雀螣蛇剋世。或世爻休囚者。得禍不輕。官鬼剋世。世旺官衰者。亦主誹謗。世衰官旺。若臨蛇雀。必見彈章。世爻相旺。官化凶神。將冲變合。官星旺相。世化凶神及世官得地。財化凶神。皆爲晉爵之兆。若卦得反吟。（見前反吟伏吟釋義） 雖是身動不安。若得世與官爻旺相一定陞遷。世爻與官星衰者。必遭降罰。世與官星被冲被剋者。必有不測之禍。又如世、兄、官空破。居官不久。身衰化鬼。命盡當危。世衰化鬼。壽命難長。此爲論

斷之總訣。

寅月壬午日占在任平安否。得卦之噬嗑卦。

、寅兄
八子父
乂戌財　酉鬼　世
八辰財
八寅兄
、子父　應

某官自知易理。占得此卦。語野鶴曰。我占今歲在任流年。得世爻變鬼之卦。我甚憂之。野鶴曰。世爻戌土雖則休囚。得午火生之。自身無妨。須防孝服。某官曰財非臨白虎。如何應孝服。野鶴曰。午日冲動子水父母。被戌土財爻之剋。世化官空。八九月必見孝服。果於八月丁外艱。

丑月乙卯日占援例捐陞官職利否。得豫之否卦。

乂戌財　戌
乂申官　申
、午子　應
八卯兄
八巳子
八未財　世

斷曰。財動生官。不宜世臨月破。破而被剋者。有官不

能享也。其人不聽。竟自捐陞。後果名敗身喪。

丑月丙辰日占具文伸枉能否保全官職。得大壯之夬卦。

八 乂 、世 、 、 、應
戌 申 午 辰 寅 子
兄 子 父 兄 官 財
　 酉

父母持世。月建文書極旺。但不宜子動傷官。七八月申金當令之秋。功名壞矣。後果蒙上台題保。未蒙准行。至八月削職。

△占求利（附用神兩現舍取法）

諸書論求財甚雜。當推黃金策理論最準確。茲錄其應驗者如下。財旺福興（福子孫爻也）公私稱意。財空福絕上下違心。子孫爲生助財爻（占財例取妻財爲用神）之元神。俱宜旺而化吉。又宜生合世爻。若逢衰墓絕空刑冲剋害動而變凶。日月冲破者。公私財氣皆無。有福無財。兄弟交重偏有望。兄弟乃刼財之神。占財最忌。財與兄爻同動。必主阻隔破耗。子孫兄弟同動。或財、兄、子孫爻俱動。則兄動生子。子動生財。主吉。

酉月戊午日占求財得革卦。

八 、 、世 、 八 、應
未 酉 亥水 亥 丑 卯
鬼 父 兄 兄 鬼 子

斷曰。卦中財爻不現。亥水兄爻持世。父臨月建生助兄爻。求財猶如緣木求魚也。

未月庚子日占求財得天風小畜卦。

、 、 八應 、 、 、世
卯 巳 未 辰 寅 子
兄 子 財 財 兄 父

斷曰。應臨月建之財。以剋世。許之必得。問何時到手。許以次日。辛丑冲動天財。穩可到手。後來得財於辰土出空之日。此乃舍其不空而用旬空也。此卦用神兩現。蓋求財以財爻爲用神。卦中財爻兩見。例當舍休囚而用旺相。用神兩現之卦甚夥。舍取之法不一。或則舍靜爻而用動爻。或舍月破而用不破或舍旬空而用不空。或舍被傷而用不傷。此係方法。不可拘泥。間有應驗旬空月破。舍去不空不破者。是在神而化之。證以化爻之五行。變通取用。

巳月丁巳日占求財得既濟變渙卦

×應　子水　兄　卯木　子
、　戌　鬼
八　申　父
〇世　亥水　兄　午火　財
×　丑土　官　辰土　官
〇　卯木　子　寅木　子

斷曰。此卦若占久遠之財。則無財。若問目前財氣。明日戊午必得。其故何在。蓋因兄臨世爻。日破月破。不剋變出之財。況日月俱作財來冲也。只爲應爻逢空。明日冲實。必有財氣到手。待至明日。果然進財。

△占行人

問行人歸期。有遠有近。遠則應月。近則應日。世爻用今人未動。用爻剋世。必然歸。若問行人否泰。另占一卦。

酉月戊申日占母在外何時來。得旅之艮卦

、　巳　兄
八　未　子
〇應　酉　才　戌　子
、　申　才
八　午　兄
八世　辰土　子　卯木　父

此卦用神伏而受剋。六合變冲。必不來。後果不來。

戌月丙戌日野鶴由江右登舟占一路平安否。得蠱之巽卦

、應　寅　兄
×　子水　父　己火　子
八　戌　才
、世　酉　鬼
、　亥　父
八　丑　才

卦兄酉金鬼爻持世。一路憂疑。初不知應于所風。及至戊子日風雨大作。不南行舟。泊南康。始悟此卦子水爻動。應子日之風雨也。見其化出巳火子孫。即知巳日必然放晴。果泊五日。至巳日天晴。得順風而行。從此方悟子孫乃行舟之順風也。此非親身經歷。何從得知。卜易之能卦卦占斷應驗。誠非易事也。

未月戊戌日占伯何日來。得屯之隨卦

八、應╳、八世八
子戌　申金　辰　寅木　子
兄　鬼　父　鬼　子　兄
亥水

父母爲用神。剋世者速至。（申金剋寅木也）七月必到。後于亥月方到。應亥月者。化出之爻也。

丑月庚午日占父遠去何日回。得履卦

、世、八、應、
戌土　申金　午火　丑土　卯木　己火
兄　子　父　兄　鬼　父

斷曰。今日乃是午火爲父母剋世。今日必來。果于本日申時到。

凡占行人。要看主象。即用神之名。爻官員。看官爻。幼輩看子孫爻。妻奴看財爻。兄弟朋友看兄爻。尊長看父爻。不在六親中者。看應爻。黃金策云。剋速生遲。凡占行人。遇用神動剋世爻。或世落空亡。人必速至。若遇用神生合世爻。人必歸遲。最忌世爻動。爻用神必無歸來之望也。世剋用而俱動。人必轉往他方。

△占疾病

諸論斷疾病。有不看用神身命。單看卦象得明夷、大觀、賁、蠱、夬、豐、同人、大畜、需卦等。斷之必死。又云蛇動主死。虎動主喪。其說謬甚。要知占病全憑用神。惟卦變與六冲者。方可不看用神而斷生死。問久病卦逢六冲。卦變六冲。不論用神之衰旺。乃不治之症也。近病逢久冲。却又可不藥而愈。所以占卦必先問明近病或久病。論斷方能應驗。新病遇卦變死剋。亦主危亡。卦變者六冲而變六冲。因回頭化剋。近病亦危。例如巽木變乾金。艮坤化震巽。皆謂之回頭相剋。雖非墓絕。亦主危亡。若化比和。化剋去。化回頭相生。近病告痊。久病凶。六冲故也。除此冲剋。必看用神。（用神取法不一。參看第五章卜易論斷總訣）用神值旬空及化空者。若無日月動爻冲剋。冲空實空之日可愈。若逢冲剋。病愈重而不死。若值月破。須看用神之衰旺。旺則愈於實破之日。及出月而愈。衰而變剋者必危。久病用神值旬空月破者。即使用神旺相。亦難醫治。近病值旬空。若逢三合六合。必成久病用化鬼。鬼化用愼防不測。忌化用用化忌最難醫治。官鬼乃父母之元神。父動化鬼、乃爲化生。輕病卽愈。久病者鬼化父父化鬼皆主危亡。因卜易占病最多。論例綦詳。

申月丙寅日占子近病得恆之解卦。

八應 戌 才
八 申 鬼
、 午 子
〇世 酉金 鬼　伏 子午火
、 亥 父
八 丑 才

斷曰。鬼變子孫。天折之兆。幸得子孫値旬空。近病卽愈。恐其難過午年。後果在出空日告痊。午年出花死。

申月壬子日占子病得遯卦

、 戌
、應 申
、 午
、 申
八世 午火 鬼 ◎
八 辰
（六爻五行見前六十四卦圖中從略）

斷曰。令郎貴恙今日卽愈。此乃適逢其日也。卦中官鬼持世。本屬病人之憂。幸逢今日壬子。子午相冲。冲去憂心。管教今日立愈。果於本日一汗而病痊。此卦惟占自身及兄弟妻兒病者照此論斷都驗。若占父母之災。官鬼爲父母元神。豈宜子冲而傷耶。妻占夫亦然。非惟不能解憂。反爾添憂也。斷卦安可拘泥耶。

午月甲寅日弟占兄病得屯之中孚卦

〇 子水 兄　卯木 子
八應 戌 鬼
、 申 父
八 辰 鬼
ㄨ世 寅木 子孫　卯木 子孫
、 子 兄

病人重甚。全家淚眼相對。請野鶴到家。占得此卦。斷曰。今天午夜退災。明天卯日可起床矣。全家聞言驚疑。請問卦義。野鶴曰。病者雖是險症。究屬近病。今見子水兄爻値旬空。近病逢空卽愈。値今日半夜子時而不空。故能退災。或曰。近病逢空。何不許以冲空之午日。實空之子日乎。野鶴曰。因子水化卯木子孫。世爻又臨寅木子孫。又化卯木子孫。子孫爲占病之福神。卦中三見。乃是告痊之兆。明日爲卯日。正是一家解憂之日也。所以許半夜實空之時退災。果於半夜退災。次日起床。並未服藥送鬼。
寅月丁卯日子占父病吃人參好否。得萃之否。

✕	未土	父	戌土　父
、應	酉金	兄	
、	亥水	子	
八	卯木	才	
八世	己火	鬼	
八	未土	父	

占人參必以子孫爲用神。今見卦中父動剋子孫不過。(因動爻有兩重土也)遂斷人參不可服也。非此。斷子占父病。以父爻爲用神。而未父化戌父。父戌旬空。人參勿用。藥亦勿服。明天辰日冲空即愈。次日果愈。

申月癸卯日患楊梅瘡。占請某醫生療治好否。得履之泰卦。

、	戌	兄	
、世	申金	子	
、	午	父	
八	丑	兄	
○應	卯木	鬼	己火
○	己	父	未

斷曰。此醫不可用。雖係子孫持世。應爲醫生。不宜應爻己火剋申金。且有卯木生火。世爻雖旺。己日一定添災。其人不聽。竟延此醫治之。卯辰日服藥。至己日忽然變症。滿身疼痛。病人焦急。問野鶴曰。不聽君言。誤用醫藥。要傷命否。野鶴曰。世值月建。如何傷命。速服解藥。至己午日痛止矣。病者易醫服藥。果然痛止。

占病遇子孫特世。雖屬痊愈之兆。惟須子孫世爻不受剋方爲有效。受剋即無效。

△占家宅

父爻持世。此處淸安宜久住。財動剋父。另覓吉屋安居。父爻旺相持世。逢六合。生世合世。及世動化父相生。或得日月作父母生合世爻。皆爲發福之第。卦遇歹吟六冲。不久之象。若逢世破冲剋主凶。世動化進神主吉。

造屋興工。卦忌六冲。鬼動爲忌。剋世最凶。隨鬼入墓。禍事多逢。世父兩爻旺相反化吉者。吉宅亨通。

修方動工○世臨福德最相宜。官鬼交重有禍基。世旺逢生宜化吉。世衰受剋且停工。子孫之方宜起手。

官鬼之位莫挑泥。子孫屬水。動工宜於北方。官鬼屬火。南方不可動土。若鬼在辰戌丑未。此方切忌動土。

入宅六親吉凶○占問某日入宅宜於父母者。再占一卦宜於兄弟者。再占一卦宜於妻兒否。因一卦不能六親並論。此係定例。如占父母宜父爻旺相生扶。不宜變動化鬼及刑冲剋制。占問兄弟妻兒亦然。倘占某日入宅宜于兄弟妻兒不宜於父母。惟有行趨避之法。如木臨父母命爻財動以傷之。父母入宅宜擇剋制金爻之日。安父母之床。擇剋制金爻之方。屢試屢驗。蓋金剋木。金爻剋制。則木不受傷矣。餘仿此。

子月丁酉日占某日入宅有礙父母否。得萃卦

八	未土	父母
、應	酉金	兄
、	亥水	子
、	卯木	才
八世	巳火	官
八	未土	父母

斷曰。此日入宅。卯木暗動以剋父母。雖然不利尊長。幸而此日寅卯申三時皆吉。不必改日。吾公舉婢僕人等於寅卯時入宅。令尊令堂可於申時入宅。保爾平安。彼問何故。答曰。申時者卯木絕於申也。父母未土長生於申。是以吉而可用。父母安床宜於西南方。其人依誓而行。相安十七年。

己月己丑日因屢試不第占問宅後有廟冲犯否。得大有之乾卦。

、應	巳火	官	
╳	未土	父	申金
、	酉金	兄	
、世	辰土	父	
、	寅木	才	
、	子水	子	

斷曰。世爲本宅。廟爲應。世應相生。如何冲犯。必然廟前另有一物。所以卦中未土發動而刑也。(未與辰並不相刑。不知刑字何指。或係書中刊誤耶)乃此故耳。其人曰。廟前照牆之後。有一株大樹。數百年矣。野鶴曰。即此物也。爾用大獸頭安於屋脊。張口對樹。則吉。再占一卦。以卜修補之後。功名有望否。得歸妹之豫卦

八應	戌土	父	
八	申金	兄	
、	午火	官	
八世	丑土	父	
○	卯木	才	巳火
○	巳火	官	未土

斷曰。修補之後。今科必發。卦中財動生官。官動生世。大吉之兆也。是年果中經魁。

戌月己亥日因衙署不利擬改開後溝。占問利否得鼎卦。

勾	、	己	兄
朱	八應	未	子
青	、	酉	才
元	、	酉	才
虎	、世	亥	鬼
蛇	八	丑	子

斷曰。不必另開。祇須改向東流。如言動工。發見許多尸骸白骨。始悟鬼爻持世。非無因也。

△占坟地

占塋卜地。古法舛誤極多。不可爲訓。茲就歷年占地應驗諸訣記載如下。凡世爻旺相。祖父魂安。世爻爲穴。宜旺相。或臨日月動爻生扶。乃是吉地。子孫乃祭祀之裔。宜於持世。或在他爻旺相。其地必多子孫。卦逢三合六合。或世與子孫爻作六合。乃是藏風吉穴。代代興隆。若得六冲卦。散而無氣。六冲變合。地已去而復來。（此謂地運衰而眞龍早去、今復重來、）此爲吉地。再得世遇子孫旺相。科甲綿綿。世旺化絕。破吉處藏凶。世衰而化生合。凶中有吉。世衰動化回頭生。化長生帝旺。化日月。化進神。化合者。先否後泰之兆。

寅月戊午日占墓地得頤變无妄卦

朱	、	寅	兄		
龍	✕	子水	父	申金	
元	✕世	戌土	才	午火	子
虎	八	辰	才		
蛇	八	寅	兄		
勾	、應	子	父		

斷曰。世爻戌土。春天休囚。化出午火子孫。回頭生世。日月世爻共成三合（寅午戌爲三合）青龍戲水。以化長生水源極遠。只因申爲月破。戌土剋子水。又被日辰冲散。春夏有水。秋冬必動。然亦無妨。卦中日月世與子孫共成三合。亡者安而生者樂。子孫昌盛。河愁不發。覓葬之辰年下葬。酉年子年二孫皆中經魁。

卯月戊子日占地得巽之升卦

○世　○　八　、應　、　八
卯木　巳火　未　酉　亥　丑
兄　子　財　鬼　父　才
酉金　亥水

斷曰世臨月建。日辰生之。是吉兆。但不宜外卦反吟。世被酉金冲剋。子孫又被亥水冲剋。不宜用之。彼曰已買就矣。奈何。野鶴曰不葬何妨。其人不聽。以爲地師言美地。必較卜易有準。竟葬之。四年之內。二男一女相繼死。自身又得半身不遂之疾。主酉年身亡。應酉年者。謂之再冲之年。誤聽地師之言。竟至沒後。

未月己巳日占穴得大壯卦

八　八　、世　、　、　、應
戌　申　午火　辰　寅　子
兄　子　父　兄　鬼　才

此地經過名地師。皆言吉地。請人占卜。亦許其吉。只因屢掘逢石。無處尋穴。特請野鶴到塚下占卜。得此卦。斷曰。世在四爻。穴在中段。因午火持世。卽往中段觀看。見有一處草木枯焦。有幾朵紅色野花。別處皆無。曰穴在是矣。掘之必得土穴。東家尚疑。野鶴曰。我有一法。將錢一文點記紅硃。亂入數百錢內。公可設香案。禱告於天。紅硃錢着地處。卽爲佳穴。東家如法泡製。禱畢。滿地洒錢。然後尋覓。果得紅硃錢於紅花之下。卽命人掘下。果得丈餘泥土。餘皆石塊。方得點穴落葬。次年東家開府。五年之內。兩子俱登甲榜。此殆東家之福。洒錢覓穴。如有神助。非關占卦之應驗。然而斷定穴在中段。卜易之術亦神矣。

△結論

易之法。浩如淵海。雖數十萬言不能盡。本書僅舉占卦斷卦之入門祕訣。看過一遍。必能點卦裝卦。至於論斷六親五行等之歌訣。亦羅列無遺。惟須熟讀。方能引用自如。凡遇卦變爻變之卦。須細心研究。參看本書中之卦圖及演式。只因限於篇幅。斷卦諸法。未能一一詳述。有志學習者。當買卜筮正宗。自首至尾。統觀一遍。占斷自然應付裕如矣。

下編　拆字

第一章　拆字須知

△拆字派別

拆字、古稱相字。且有測字測機之名。攷其沿革。創自周代。盛於唐宋。如袁天綱、李淳風、輩皆以相字之應驗受太宗之知遇。謝石、邵康節等亦皆以測機應對。受宋帝之識。拔自明清兩代以帖括取士。錮蔽心靈。窒塞機變。此風始稍稍衰矣。當茲水災外侮交迫而來。國事日非。上下交困。除少數席豐履厚者不生問題外。其餘四民失業者。幾如恆河沙數。謀介位置。難若登天。於其株守空勞。不如勉圖自立之爲愈也。而拆字居巾皮李爪四行之首。最易學習。最易得人信用。爲救濟失業之雕虫小技。爲白手謀生之唯一捷徑。祇須有三四百錢設備費。即可靠作經常行業。雖爲江湖末技。究屬筆墨生涯。儘可遍走四方。不干例禁。隨地設攤可資餬口。若然未識此中關鍵。祇須化一二日功夫。將此拆字祕傳。閱讀而牢記之。即可爲人析疑難判休咎矣。但是習之太易。賴以爲生者。觸目皆是。其間亦有派別存焉。凡慣走茶坊酒肆者曰踏青拆字。席地而坐者曰硯池拆字。賃屋設硯者曰拔陽地拆字。暫借廟宇寺觀一席地者曰拔陰地拆字。胸懸一開孔小木箱中藏許多什物雛型者曰觀梅拆字。憑易理論斷者曰八卦拆字。此爲近時拆字發達之狀況。箇中當推硯池、踏青兩派爲最多數。觀梅、拔陰地兩派次之。拔陽地派爲最少數。至於古時拆字聲價自高。固非今世拆字家所能望其項背。凡有著述遺留後世者。皆屬負盛名之相字大家。觀其心得。足爲後學楷模。所當知者。近時拆字派別雖多。按其實際。名異而實同。除觀梅、八卦兩派不用字捲外。其餘各派皆屬隨字隨事測機論斷方法如出一轍。所差別者。才智有高下之判。語言有雅俗之別耳。

初學欲求深造。祇須熟本編第二章拆法秘訣。及第五章測機心得。自能心領神會。豁然貫通也

▲場地佈置

拆字都屬萍飄蓬泊之人。朝至秦無人問津。卽去。暮至楚生意興旺。卽安行止。無常隨身。祇有一布包。內藏全副生財。卽筆、墨、破硯、水盂、字捲、木棟板。而外別無長物。但是爲吸引顧客計。每至一地。設硯無論拔陰地、拔陽地、踏青、觀梅諸派。所至處皆須略事佈置。方能使過路人駐足而觀。是則場地佈置。實爲不可少之手續。佈置之繁簡。雖憑囊中有無而定。而最少限度之佈置。却隨派別而定。以言佈置最繁者。當推拔陽地。佈置費至少二三十元。多至數百元。佈置法、覓熱鬧市區。或來往行人最多之處。賃定沿街市房一小間。或租憩坐間半間。房金按月支付。進屋先付一月。此爲上海習慣。房金較昂。於內地。多至百餘元。少至二三十元。內地房金較廉。室中布置最簡單者。設一桌一椅兩長櫈。桌上置筆、硯、水盂、墨、木棟板、字捲一二百個。幷用白紙書寫規例。如常事若干文。流年若干文、求財、謀事、訴訟、婚姻、坟墓、家宅。蠶桑、六甲、謀官、進貨、脫貨。建築、尋人等若干文。宜裝木框。上罩玻璃。以免汚損。門宜終日敞開。門前揭貼拆字人名。大抵不用眞姓名。多用別號。如賽半仙。白雲山人之類。照此簡單佈置。亦需二三十元。至於複雜佈置。桌上之物。大致較簡單者精美。室中則點綴華麗。靠北壁懸挂畫軸對聯。幷設天然几方桌。几之中央置財神或其他神仙像。前設香案。左右分置花瓶插鏡。東西兩壁間懸名人書畫。幷分交椅、茶几、痰盂等。此種佈置約需二三百元。次言拔陰地佈置。向廟宇寺觀中租賃一席地。幷一桌一椅兩長櫈。租費大抵按日計算支付。旺地日需五六毛錢。枯地日需一二百文、拆字者祇攜一包。而往內藏筆、墨、硯、盂、字捲、木棟板、舊報紙。(揩拭之用)、信箋信封(代人寫信之用)規例較廉於拔陽地。又次言硯池拆字之佈置。俗稱推露天牌九。佈置簡單極矣。盡在一大方布袱中。覓

定市廛沿街邊道。將包袱解開。後半幅作地單。將身體盤膝坐下。前半幅作檯單。木棟板置身邊。破筆破硯斷墨水瓶置板前。字捲堆置最前線、左右分置自訂規例。較拔陽地者簡單而價廉。至晚須添設洋油燈。此種爲起碼拆字。大抵無學問無才智。祇練習幾套江湖口訣。智識階級中人。都裹足不前。全憑吸引勞工婦女等駐足而觀。方有人破鈔問事。吸引法或用言語拋風。或用手指畫潑墨花鳥於木棟板上。憑先生傳授而定。此種拆字賺錢最少。雖則絕無耗費。每日能賺千文錢者。亦屬不易矣。又其次言踏青拆字之佈置。全副生財。盡在一木匣。或裝香烟之紙匣中。小硯、斷墨、小瓶、字捲、破筆、亂紙。都置匣中。匣面上置規例及長方鉛皮一塊。一手托之。徘徊於茶坊酒肆中。川流不息。拋風不斷。遇見熟人 舊主。雇便與之兀立長談。全憑舌尖上之吸引力。招徠生意。例如遇見喜營投機事業者。則用時局變化。公債有落無長。災象已成。米價行將飛漲等之語言。激動其人之

投機性。勢必要拾字捲。占問求財有無希望也。此不過舉例耳。語言千變萬化。貴乎臨時迎合他人心理。隨機應變。用簡括之語言。以衝動之。具此幹才之踏青拆字。每日竟有二三元收入。堪與拔陽地相頡頏也。至於觀梅拆字。並無佈置可言。除隨身一木箱外。絕無他物。或則蹀躞街頭。口中高喚觀梅拆字。或則長坐市中心之街頭巷尾。時以木箱搖動。過路人忽聞鬧落之聲。勢必舉目觀看。心中苟有疑難希望。必爲之衝動。趨前嘗試矣。顧客都屬目不識丁之勞工小販及婦女。因不明字義。不請教六書拆字。以觀梅卜休咎也。(梅字一作枚)八卦拆字之佈置。板墨筆硯水盂之外。多一小香爐。遇人問事。須燃線香三枝。以敬文王者也。派別與六書拆字同。亦分拔陽地、拔陰地、硯池、踏青之外。更有支板兀坐街頭巷口。爲人斷疑難。至於設備。詳後第六章。總之各種拆字之佈置。可簡可繁。隨其人之手頭寬緊而定。不過勢利爲人類之天性。欲求業務發達。名利兼收。則非佈置奢

華不可。所以一般自稱拆字大家。行蹤所止。大抵寓居於著名大旅館。取出印就之名單。雇人遍貼通衢。方足以吸引熱心利祿者之到寓求教也。

▲拋風聚人

各派拆字。設攤之初。總是一人兀坐其間。若使如泥塑木雕。一言不發。過路人必然漠不關心。欲望行人駐步攏集圍觀。則非用拋風不可。拋風係江湖切口。換言之。卽是聚人法。又名賣法。凡學習拆字。必須練習純熟。茲將江湖上通用之拆字拋風詞句。照錄於後。

兄弟本是翰墨林中出身。聖人門下弟子。只因學書學劍。僅賸一身。自北自南。走遍四海。賴此一枝禿筆。半方破硯。度我春秋。資我溫飽。執此拆字業爲人析疑難。軍農工商學。各自問前程。君子問災不問福。憑機直言。莫見怪。小事可問七十二件。大事可問三十六樁。失物尋人。當機立斷。謀官求利。決定無差。靈不靈。儘可當場試驗。準不準。須待過後方知。兄弟生性孤介。只知照字直談。有凶斷凶。有吉斷吉。平生不說謊。戇直不奉承。閒時多談幾言何妨。忙時少說幾句。莫責。貴地爲文物之邦。兄弟慕名而來。借此末技。獻醜。得與諸位結一重翰墨緣。故爾削減規例。另定新章。單捲只收百文。雙捲祇須加半。希望諸位幫助揚名。兄弟受惠無窮。諸位都是誠心來照顧。請拿個字捲來一試。方信予言之非虛。

以上一段拋風話。要說得連貫。字句要說得淸晰。口勁要適中而不强硬。最忌開口向人唾沫四濺。噴得人滿面。說話時必須低頭向下。此點須時時留意勿忘。但是拆字固有派別。過路人亦有上中下三等。拋風當因人而施。如吸引不通文墨之過路人。當用簡括白話。吸引文人墨客。當用四六句韻語。儘可咬文嚼字。略顯才能。如是則較易攏集游人。生意亦莫愁不得也。俗語云。頭難頭難。初次設攤。拋風聚人。頗感困難。積日旣久。在原地址每日有若干收入可靠。則不用抛風亦自有人來交易如滬上之小糊塗日日門庭如市不說抛風尙嫌無暇應付也此之謂行行出狀元全國拆字界無一人能與小糊塗相伯仲也

△拆字入門

凡百行業莫不有入門總訣拆字亦然拆法隨機應變花樣萬千全視其人之才智以判優劣其法甚夥當於第二章分條詳論之至於入門總訣自古迄今師承一貫並無二致有志學習拆字者首當明瞭入門訣用是申言以明之拆字切忌拘泥取格死守師傳貴乎隨時隨機應變方臻神妙如遇兩人同時同指一字所問事由各別論斷亦因之各異故遇有人占問首先問明何事如係失物必須詳詢物名及形狀之大小尋人必須問明性別年齡及走失詳情問疾必須問明病狀及病人性別年齡總之事無大小均須問得詳細方能測斷準確此爲拆字入門第一步總訣第二步便是相字總訣其法將他人拾得之字照寫木棟板上丟去字捲卽行平心靜氣端相字體默證所問事實一俟胸有成竹方可論斷大凡字形必有五行六神（五行六神詳解見第三第四章）之暗合而凡事窮通得失之理必與陰陽相感應故拆字宜先觀五行之衰旺次察六神之善惡何謂五行卽豎木橫土勾金點水曲火之象何謂六神卽青龍朱雀騰蛇玄武勾陳白虎之形（參看五行六神論）莫道拆字爲雕虫小技玄機與易理相同學者其可輕忽乎

△動筆審愼

倉頡造字每字各具一體如象形會意諧聲等是也因字體之隱現不同故測字之變化亦無定古時如謝邵二氏之相字大抵單憑字體取格用一二言判定吉凶或取易理物象以證休咎此惟著名大家能之非後學所能望其項背今世之拆字都用加減等法蓋字不加減難啓問者之蒙昧也但是加減拆法計分十六種（參看第二章拆法祕訣）動筆之前必先審愼辨別此字當用何種拆法拆作某字方合

所問事理之用。若不先加明辨。任意加減。及至論斷。與所問事理。勢必牽强而少吻合。占斷自少應驗。聞者必不滿意。此理猶如醫生看病。必先訪聞問切。審察脈理。對症發藥。方有功效。拆字亦然。愈是初出茅廬。動筆更不可草率。及至聲名洋溢。資格老到。問事者日日踵接於門。拆字者經驗宏富。火到功深。熟能生巧。方可一揮而就。用三言兩語以決休咎。措辭渾括而流利。聽者自易動容。此所謂提訣拆法。惟名家可以援用。蓋不如是。奚能日日應付二三百號問事之人。至於初出道者。拆法未曾純熟。社會信用未孚。動筆自以審慎爲宜

△論斷圓渾

拆字加減定後。必須論斷字義。措辭固當以所問事由爲標準。立言務取合混圓通。無論吉爲凶。均忌切實發揮。不留餘地。倘遇字形字義中有災阨。規避不談。恐失應驗。直言不諱。令人憂悶。折衷之法。惟有透露端倪。提醒問事者。可云照字論斷。含有不吉之兆。一切以謹慎爲宜。如此發言。聞者決不見怪也。

第二章　拆法祕訣

△添筆拆字訣

宋邵康節語人曰。余爲人測字。當添亦添。當減亦減。人問何故用添減。既有整箇字體。憑斷儘足以分別休咎也。邵曰不然。添乃補不足。較減筆尤爲重要。例如以一字問六甲。不用添筆。憑何判斷男女。添筆成丁字。即可斷定有添丁之兆。又如以一字問疾病。非用添筆不能應對。添筆成生死兩字。可云生死未定。難抱樂觀。語極圓通。其人聞言嘆服。以上云云。乃屬舉例。以外巧妙之添筆字甚多。演式如下。（括弧中爲本字。括弧下爲添筆）

（隹）雌雄帷　（目）貴賤賞　（王）玉弄旺　（巴）色邑絕　（孔）乳吼　（良）琅郞養　（才）財牙木　（言）信論詩

△減筆拆字訣

減筆乃屬損有餘。邵子云當減亦減。則不當減而減。

便有削足適屨之嫌。故不可漫然應用。而減時祇須減去數筆。整個字形仍須餘留。若然減去過半數。僅存邊旁或其中一小部分者。此非減筆乃摘取法也。茲將減筆拆字訣演式如下。（括弧中為本字括弧下為減筆字以下均同）

（袍）祀　（寬）莧見　（雞）鞋　（詳）註　（鷄）鳴　（推）拄（待）侍　（果）呆　（詞）詞

△摘取拆字法

拆字貴乎隨機應變。凡屬眼前事物。皆可借以決疑。例如李淳風偕友高昌出游時。當夏令。瞥見赤黑二馬入河就浴。高固精通易理者。遂謂李曰。二馬入河。戲演離卦以決出水之先後。按離為火。火屬赤色。赤馬當先起。李曰不然。火遇水難燃。烟必先發。上昇黑馬當先起。高未之信。駐足以待。果見黑馬先起河。由是以觀。眼前聲色。尚可借來應用。字中筆畫。當然可以用作論斷之具。此卽所謂摘取拆字訣。任擇一二筆劃。以判休咎。無不奇中。惟摘取必須另成一字體。不成字者無效。蓋拆字定例必憑整個字體論斷。故也。茲將摘取拆法演式如下

（廣）共由　（鞠）米采十　（調）吉司　（哉）土戈　（曜）佳士習　（殿）共尸八

△裝頭拆字訣

整個字。雖然各有結構。各具首尾。而拆字大家之筆法。生生化化。變幻百出。偶見取得之字。與所問之事。休咎深隱。猶如見龍之潛藏深淵。不見龍首。必須加添數筆於該字之上端。好似畫龍點睛。字義遂躍然顯出。故名之曰裝頭拆字訣。演式如下

（見）覓寬覺　（連）蓮運　（田）當富　（比）庛麗　（異）翼冀戴　（屈）窟　（艮）食痕　（金）釜鑾　（可）奇哿　（升）昇飛　（兄）克兌　（冊）扁篇　（目）眉脊　（早）卓章　（央）英奐

△接脚拆字訣

字猶如人身。有頭必有足。倘遇所拆之字。如人之全身已具。惟缺兩足。不適應用。於是加數筆於該字之

下端此所謂接脚拆字訣與裝頭法上下遙遙相對。筆法則一也。演式如下。

（自）息身　（采）番悉　（千）壬　（立）音童

（黑）異選　（合）弇會　（非）韭斐　（目）貝具

（見）旦昌　（西）要惡　（穴）空穿　（士）志喜

穿心拆字訣

凡遇字體端正頭脚俱全。字之上下兩端。不能加添筆劃。祇可於字之中央加添數筆。以變化其字義。此所謂穿心拆字訣。大抵因原字之形義。與所問事由不合。一時殊難判斷吉凶。緩用此法以變換其字義。下筆較難於前幾訣。演式如下。

（弓）弗費　（昌）量　（鞋　難　（旦）里車　（月）舟用冉角　（文）吏丈

△包籠拆字訣

包籠拆法本字體依然整個存在。並不破壞。僅於上下左右或四圍加添數筆使之另成一字例如大字加口腔而成因字之類。此法固較穿心拆法容易但是下筆亦不可草率。必先端相字體包籠成何字。然後取格論斷。方與所問事理針鋒相對。一俟胸有成竹。始可動筆。不過心機要靈敏捷速。相字時間愈快愈妙。一般老手當展閱字捲將字體書於木棟板上。在此一剎那間。該字當取何種拆法。如用包籠法。當添作某字。最為適用。早已規劃盡善。故可隨手動筆。隨口論斷。此種手法非初學所生。則效半由各人之天才敏捷。半由經驗中得來。老手終年為人拆字。所備字捲上之字體。字字拆得滾瓜爛熟。於是熟能生巧。某字論斷某事。當用包籠法。添作某字最為合用。早已一目了然。無待搜索枯腸也。茲將包籠拆字訣演式如下。

（昔）廣饕　（辛）襯達圉　（椎）藉　（韭）韯纖

（貝）測遺　（尹）倉窘　（牛）遲　（弓）發

（矢）族癡　（由）會

△對關拆字訣

此法猶如將門關閉。門開則任人出入。門閉則惟見門而已。何以不稱關門。而曰對關。蓋對字含有妙用。卽指對於所問事理。當用何字。當取何格。演成對關體。方臻神妙。其法嵩取本字。此首尾。或用添減法。或則不破壞字體。用取格訣。（見第三章）論斷休咎。此法爲用最廣。初學更宜留心練習。祇須熟讀第三章之單句練句訣。卽可應用自如。至於論斷準確與否。全憑取格適當。措辭渾括而已。茲將取格演式如下。

（善）美頭喜足。主吉。（帛）皇頭帝足。主大貴。

（里）男頭童足。主添丁。（伯）伸頭縮脚。主謀事難成。

（彥）龍頭彪尾。主得祿。（先）牛頭虎尾。生頭死足。主不吉。

（禹）千頭萬足。主得財。

（吝）凶多吉少。主不吉。（我）拖頭曳脚。主訟累。

△指事拆字訣

此法專爲覲枚拆字而設。凡人求教拆字。必挾事實而來。拆字者卽憑其指定事實而論斷。故稱指事拆字訣。其法有憑覲枚。有憑字體論斷者。大抵不破壞練體。而用單句格。或雙句格。三言兩語。以決休咎。惟著名拆字大家。方可援用此法。纔能令人信仰。關於契法。有十訣。一曰覲人。二曰察色。三曰辨四。曰辨事。五曰察墨。（此法傳自宋代、那時不用紙捲、憑人書寫一字、習決休咎、故有察墨辨紙二訣、）六曰辨繩。七曰觀時。八曰相機。九曰正論勿好奇。十曰言語不可雜。明此十訣。指一對而論斷吉凶。易如反掌矣。

△假借拆字訣

此法類別其多。大抵因本字筆劃簡單。不敷決斷所問事實之休咎。方適用此假借拆字訣。取格訣（見第三章）以立言。憑所問事理作標準。其法相似添筆拆法。亦事加添幾筆。另成一字。隨時用格訣論斷。惟精於此道者。方能鑑別其爲假借法。茲將各種假借拆法。演之如下。（口）遇鳥則自鳴得意。配天則吞併揕虞。（化）遇草向榮花正好。旁人之言多訛詐。此巧花訛字。假借事物爲用。（立）傍人有位置。遇水防涕泣。有女必爲妾。生男可成童。（子）依傍女人事必好。系出名門子孫多此乃位泣好孫四字。假借人事為用。

△轉注拆字訣

一字有分平上去入四聲。字意亦在隨字四義。遇此四聲四義。或二聲二義之字宜用轉注拆法當讀何聲當取何義臨時酌定以適合所問事理為標準。演式如下。（王）求財當讀去聲論斷有旺相求官當讀平聲論斷。當王者貴。（夫）婚姻。讀平聲論斷有幫夫運。謀事讀作扶論斷非人扶助。（臨）問病。可吉可凶貴手間明病人年齡與病狀如問事者為病人之至親骨肉。兼看其人之面相與氣色若係壯年輕症。問事之子弟面無晦色與孤相宜從吉論斷曰福星照臨。吉人自有天相反之如老年患實病問事之子弟面現晦氣色兼露孤相宜從凶論斷曰大難臨頭未脫危險。如此隨機論斷。問事者必然滿意佩服。

△會意拆字訣

倉頡造字。本有會意、象形、諧聲、三大區別。故爾拆字亦有此三種拆法。不過非就造字之原有形意論斷。當別出心裁。證於所問事實。選取適當之取格以立言。方能令人折服。茲將會意拆字訣演式如下。（淋）有楚漢相爭之兆。宜防口舌是非。（裕）具補天浴日之象。求官得此字主有大貴人提拔。（蜃）有飛龍破蟄之象。凡事主有權柄。且多旺氣。（徠）小往大來。經商可以小本得大利。（鏗、鑽之彌堅。凡事須耐勞竭力。始先有成。（薊　蘇秦背劍之象。功名晚成。諸事宜習勤耐勞。（烟）因風吹火之象。凡事須仗人吹噓。（子）蜉蝣之羽。無遠慮者有近憂。（磋）劈破道蓬。有子必傷。（薏）著意栽花花不發。事多不順。

△象字形拆訣。

象形拆法有四種區別。分別演式如下。（一）以意象字。辛似幸。兔似免。桃似桃。夫似失。木似來之類。（二）以字象字。祀似袍。貴似責。殳似爻。恕似怒。

奇似哥之類。（三）似物象字。乙似鉤弓似蛇金似斷柄傘。外似旌旗。且似神主亞似欄杆之類。（四）似字象物。丫似樹枝。焉似馬。井似枷。叉似乂。口似棺之類。

△諧聲拆字訣

此法最易。凡音同字不同者。皆可取以論斷。不過單憑諧聲論字太嫌簡單。問事者必不滿意。還須另用他種拆法。以作證實。地能得人信用。茲將諧聲拆法演式如下。告非諧高飛。秤心諧稱心。倒諧刻。梨諧利或離。桃諧逃。副諧富。哉諧災。貧諧病。欲諧獄之類是也。

△觀枚拆字訣

觀枚、一作觀梅。拆法不用字。捲憑一種什物。雛型爲人決休咎。論事最爲活潑。全在人之心鏡光明。隨物洞徹。隨機應變。方可收談言微中之妙。用此指現時之一班瞽者枚之觀拆字而言。在唐庚時之觀梅拆字。不憑什物。由問事者或則當場寫字。或則預先寫就而來。故須觀其梅底。紙色、墨色、筆法、與字體、皆須留意觀察。宋時卲康節最精此法。茲將其觀梅拆法摘錄如下。以便學者會悟而引用之。（日）盈而無虧。但利於春冬曉午。若在傍晚見此字。夕陽雖好。紅不多時矣。（月）月有圓缺。凡事亦隨之有盈虧。大抵利於上弦。不利於下弦。（金）世之寶。人之累。久鍊則良。（木）春旺秋衰。夏盛冬枯。（土）爲萬物之母。凡事有根。惟遲滯不能速發耳。（火）日中則晦。耀夜有功。得木則旺。過水則衰。（水）流通無住。獨不利於多。

憑什物用器之雛形。觀梅拆字。當審察取得之物形。問明占卜事實。然後用簡括語論斷之。倒如求官取得升斗。論斷官祿有望而不火。只有升斗之俸耳。問病。莫得長方形木器。類似枯木。凶多吉少。其物約有數十種。全憑心機靈敏。口才捷給。口動老到。自易得人信仰。生意自然源源而來。

△九宮拆字訣

九宮拆字之眞傳秘訣。須憑四聲。(平上去入)五音。(宮商角徵羽)拼成九宮還須適合所問事理并以棟句取格論斷猶如調弄絲竹非常動聽但是此種秘傳已成廣陵散今世用九宮拆法者雖然不少不過有名無實祇能欺哄愚夫愚婦耳至於拼合四聲五音之九宮拆法早已失傳無從稽考玆就現時之九宮拆字訣演式如下問事者拾一字捲爲清字拆字者展閱一過丢去字捲即執筆蘸墨在木棟板上先寫氵氵氵三字爲三宮次寫主主主三字爲三宮末寫月月月三字爲三宮合之則成九宮問明是求財於是提筆向氵旁加一金字拼成淦字斷曰財氣以金銀爲本足下財氣旺盛金銀猶如汪洋大水再於氵旁加一原字拼成源字斷曰不僅一時財旺而且源源不斷用之不竭再於氵旁加一工字拼成江字斷曰語云財源茂盛達三江求財宜向水區如揚子江與珠江流域等處營數大發其財水字三宮交代告終次演主字三宮提筆於首劃之右加一撇拼成生字斷曰生財有大道若是經營商業必然生意興隆獲利可操左劵再於主字左右恰寫兩人字拼成坐字斷曰若然與人合股經商足下不必勞心顧慮可以坐享其成安坐而得益利又將主字分寫成十二兩字斷曰照字面論斷足下財氣竟有十二分並非奉承足下字理中早已注定主字三宮又算結束末演月字三宮首於月旁加一月字變成朋字斷曰凡事獨木不成火全賴朋友相助求財自可必得又於月旁加一日字拼成明字斷曰立身處世信義爲重足下與人交往宜用明槍交戰親兄弟明算帳到底不吃虧末於月旁加一古字拼成胡字斷曰胡調朋友宜遠而避之財氣不愁走失矣至此九宮完全結束

第三章　拆字取格

△六神圖解

青龍　ノ㇀屬木蠶頭燕額是青龍。主吉昌興發凡撇撩長而有頭角樣者方爲龍撇撩短而頭角者

非是舉例如下。(農)龍巳生角變化興起之兆。(券)青龍之象凡事以心力致勝。

白虎。八虍而屬金尾尖開闔方爲虎口不開者非是主疾病傷殘血光見凶之兆。舉例如下。(凡)白虎出現事不可几。(向)白虎開口防有禍患。

朱雀　又丿乀屬火六頭交加爲朱雀主官事口舌。撇捺短而有尖縮之形者方爲朱雀舉例如下。(赤)朱雀之形須防口舌及小人(算)計。(九)朱雀勾陳白虎相聚。諸事不吉。

螣蛇　乙乞弘朱土字樣如蛇勢長曲。主官事驚怪。舉例如下。(老)螣蛇之象。作事難成。(己)螣蛇破口大凶之象。(乙)屬蛇之形。求財稱戈打丁。(巳)螣蛇入口東方大忌。

勾陳　勹乁屬土灣弓斜月勾陳樣主遲滯舉例如下。(包)勾陳當頭。螣蛇落足。恐受驚怪。(勺)勾陳形主受驚。

玄武　厶么云屬水。點劃勾戈玄武形。凡屬么字者是爲玄武。主盜賊波浪。舉例如下　(亥)玄武當頭凡事不久。

△單句取格訣

拆字不明取格。遇到不易加減之字。一時殊難論斷。故爾學習拆字。必須熟習取格訣。何謂取格。即見一字。用一言以判決之。猶如文章之有定評也。何謂取格訣。蓋字體千變。取格亦隨之變化無窮。必先詳察其字之五行生尅。次觀其六神動靜。如果五行相生。六神安靜。則取吉格以斷之。否則斷爲凶格。單句取格當用成語。若能出經入史。字字珠璣。更覺風雅矣。所當知者。取格爲拆字之根本。並非單用一句取格訣。即可判定吉凶。宜告結束者也。茲將單句取格訣分部論列於後。以資學者借鑑。

丨部　(中)伯仲無人。(卜)金枝玉葉。　上下無依。(小)兩邊阻隔。(串)憂心忡忡。

一部　(一)生死不明。(不)比下有餘。(正)征人不至。(丕)不一而足。(甘)甜頭已去。(亞)有心爲惡。

(而)破面之象。
丿部　(乃)孕必生子。(幺)公私交困。(重)無力運
動。(乖)有隙可乘。(乘)人去乖違。(白)比比皆是。
(氏)視民如傷。
冫部　(治)三台位缺。(瀉)不定憑也。(冷)節勵冰
霜。(冶)爐火純青。
刂部　(封)刀圭普濟。(剝)利祿俱有。(則)賞罰分
明。(削)劍氣冲霄。(劑)齊民利物。(副)福利不全。
　福利皆有
二部　(二)人去天空。(于)手中不足。(夫)青蚨飛
去。人在土下。(示)毀其宗廟。(工)舡到江心。
玉體欠安
彡部　(彡)形影俱空。(衫)形影相依。(彪)背形如
虎。(髾)削髮爲僧。
三部　(秦)春生秋實。(三)始終如一。(春)永諧秦
晉。
九部　(丸)不能瓦全。(執)六勢巳去。　勢力不足。

四部　(四)買賣俱空。(駟)名馳四方。(蜀)無光之
燭。(詈)無罪辜。
八部　(八)做人撇脫。(公)一言興訟。　分內在私。
(兮)公輸之巧。(其)一月爲期。
十部　(十)士之魁首。(壬)千中選一。　秀士而巳。
(千)最上一乘。　千求不遂。(南)不幸之幸。(爽)
凶多吉少。
氵部　(沃)波浪掀天。(汀)流水不停。(江)財源半
空。　功名源遠。(游)旌旗映水。(涌)不能流通。
(海)望梅止渴。(沽)　枯魚得水。(治)望重三台。
(汐)夕陽沈沒。(汁)　海底撈針。(潛)浸潤之潛。
(湯)東漂西蕩。(渢)長風破浪。(汶)渭水遂文。
土部　(土)坐上無人。(垣)萱堂有損。(坎)歡喜不
足。(孝)與子傾老。(埋)理上有虧。(至)高台僧倒。
(坐)有人有土。
木部　(枇)紫氣東來。(村)出將入相。(格)空中樓
閣。(杜)立定根基。(林)一火焚之。(枰)斷梗飄萍。

(柜)水到渠成。(栗)西方極樂(枻)葉落歸根。
(聚)樂極生悲。(朽)巧奪天機。(橙)登科奪標。
(梳)中流砥柱。(樊)誰手攀援。(梯)無梢涕泣。

火部　(煤)謀救燃眉。(炊)焦頭爛額。(耿)所取最
美。

灬部　(然)手中撚弄。(馬)陰騭有虧。(熊)罷了莫
爲。

金部　(金)破鏡分釵。(鍾)名重金甌。(錢)金氣摧
殘。(鑲)如錐處囊。(鈔)披沙見金。(銳)囊錠脫穎。
(鈺)堆金積玉。

广部　(庚)逢八不康。(廣)庫滿黃金。(庭)道途康
莊。

疒部　(疵)病根在此。(疹)厥疾不瘳。(疔)病漸痊
可。

亠部　(亡)喜出望外。(齊)逢水則濟。(衰)一番哀
兆。(亥)即刻該到。(夜)用手扶掖。

口部　(囚落入圈套。　一人定國。(園)去國不遠。

(國)一團疑惑。(因)烟消火滅。(囮)口中點化。

刀部　(周)喜氣入門。(丹)再不見面。(丙)火病之
根。(內)欲訥于言。(肉)內中有人。(宜)宜其家室。
(冊)兩月破碎。

爫部　(爫)事必妥貼。(受)無心之愛。(乳)虛浮散
亂。(辭)卒歸於亂。(辭)消受辛福。

匕部　(比)此心不直。(皆)比目難成。(能)無心作
態。(旨)皆損一邊。(些)比刼重重。(眞)開口便嗔。

日部　(晶)三緘其口。(韓)朝中偉人。(曇)浮雲蔽
日。(旦)剪草除根。(昕)日近日新。(暌)撥雲見日。
(早)綽綽有餘。

月部　(肯)武鬧有分。(胡)一月之苦。(朋)胭脂零
落。(青)靜而不爭。(肓)芒刺在背。(膝)似膠投漆。
(膪)斬斷葛藤。

雨部　(露)青雲得路。(雷)兩足苗興。(雲)靈魂失
散。(震)龍得雲雨。(霖)霜林凋落。

山部　(崔)歲首大佳。(嵩)南山高壽。(岑)出入琴

堂
石部　（磪）破碎在茲。（確）破家難全。（磓）劈破蓮
蓬。
田部　（田）輕重得體。（黑）豈可限量。（禺）一走即
過。（畏）喪門之家。（由）苗而不秀。（鬼）魂消魄散。
禾部　（利）其利么小。（種）千里得利。（季）始終和
好。（移）利益多多。（稗）脾氣不和。（稺）癹利較遲
（稜）登科凌雲。
人部　（人）大夫之體。（俞）一人有利。（命）封金掛
印。（合）人口俱全。（离）離多會少。（介）勢如破竹。
（念）人有二心。
亻部　（仔）此人浮極。（付）受人作對。（倩）有情之
人。（伸）神仙中人。（儉）人立險地。（伎）人立絕技。
（以）二人一心。
彳部　（徐）行有餘力。（徠）小往大來。（街）出行為
佳。（來）人臨喪事。（德）言聽計從。（衛）從違不定。
目部　（盲）過目不亡。（目）月計有餘。（盾）眉頭蹙

損。（白）本身有虧。　無心養息。
口部　（司）似可不可。不可用也。（噫）心口相應。
（台）參商之象。（咊）叱石成羊。（吞）天作之合。
（吳）無心之誤。　石破天驚。（叶）暗中設計。（甜）
苦盡甘來。（嘖）同心發憤。（同）十分周到。（吹）受
口之欺。（哭）大哭晚成。
心部　（悲）心上安排。（恙）恩斷義絕。（志）悲喜交
集。（恩）烟消火息。（忩）恩怨須分。（悉）心花吐采。
忄部　（悞）心直口快。（愊）福至心靈。（恨）情根未
斷。（惲）運不稱心。（惟）其難其慎。（性）平生慷慨。
立部　（奇）可立而待。（章）十分得意。（辛）可使為
幸。（音）心滿[illegible]足。（彥）參商顛倒。（啻）從無戲言。
（迄）遮道乞留。
之部　（通）急流勇退。（過）取禍之道。
曰部　（曰）自天申之。（申）甲冑之身。（果）覆巢之
下。（甲）終無結果。（冒）胃氣不足。
非部　（非）靡不有初。（韭）非止一次。（排）非諫飾

非（徘）所行盡非。

欠部　（欠）藉口吹噓。（欲）有容無欺。（欹）奇才坎坷。（次）羨餘無多。（歆）被欺受陷。

文部　（改）攻己之短。（效）遠交近攻。（赦）文名赫赫。（吝）出口成文。（斌）偃武修文。

又部　（支）十分收成。（段）日不暇給。（敍）中途取足。（殳）疫去一半。（般）其舟半沒。

子部　（享）一去亨通。（孟）子孫昌盛。（孫）累係子弟。（學）先覺之子。

才部　（拖）打草驚蛇。（梅）海不揚波。（括）指東話西。（揖）如取如攜。（挾）報之不來。（損）到手賞心。

頁部　（頁）賓不顧也。（須）漸入順境。（頳）出類拔萃。（顋）所思必順。（題）貴顯定局。（頗）波浪頓作。

女部　（女）一半平安。（如）妯娌失和　妥貼之極。（媧）補過修好。（妻）擇木而棲。（妃）安不忘危。

尸部　（尸）尺有所短。（屠）日居月諸。（屆）屈而不伸。

食部　（食）其人必良。（養）羔羊退食。（飧　良人有殃。

糸部　（紅）終是落空。（紳）紬而後伸。（線）素車白馬。（素）責任之累。（結）紅鸞天喜。（纍）多男多累。（紀）一絲不亂。（繼）可斷可續。（絲）縲絏之象。（蛇）騰蛇纏足。（絺）壽終古稀。（綦）子期絕絃。（維）此緣難結。（紙）底蘊畢露。

巾部　（巾）席帽離身。（帷）入幕便佳。（師）欲歸不得。（帥）有冠有帶。（幬）運籌帷幄。（幀）賣卜於市。（禱）憑弔違心。

衣部　（褘）依違兩可。（初）內裏分心。（裾）安居獲福。

示部　（福）福偏壽全。（禪）禍不單行。（祈）折盡福祿。

阝部　（降）興隆可待。（初）禱於郊外。（郎）良人命盡。（陰）陷入圈套。（陣）運命有阻。（除）半途有阻。（隕）有陞有賞。

門部。(門)開閤隨時。(闔)闔內之言。(間)門迎百福。(闢)入闈聯捷。(門)不二法門。(開)公門刑罰。(悶)出門心寬

車部。(連)時運不齊。(運)運道將通。(軫)珍珠滿載。(轟)輔車相依。(軒)干祿待運

戈部。(划)戰無不利。(戎)成功有待。(哉)口碑載道。(義)美歸於我。(義)似義非義。(或)國之心腹

弓部。(弓)入之彀中。(躬)弓無箭射。(弧)先引後派。(矧)引弓發矢。(彈)虛張聲勢

宀部。(宮)不宮不宦。(容)空谷傳聲。(宜)官途多阻。(官)已捐館舍。(宇)手中空乏。(字)寬以濟猛。(宣)不宜家室

貝部。(貝)貧極負心。(貢)半空半寶。(賺)貴賤相兼。(責)欠人之債。(贅)傲骨支貧

玉部。(瑪)探驪得珠。(瑞)如環無端。(玢)粉消玉碎。(珀)王伯。(讀霸)之才。(瑰)馬嵬埋玉。(珍)珍絕難全。(琳)玉樹瓊林

犭部。(犬)哭笑俱有。(猇)狐假虎威。(猖)片言折獄。(犴)狼狽爲奸。(狐)孤獨之象。(狡)犯而不狡。(獵)猫鼠同眠

虍部。(虍)虎頭蛇尾。(彪)如虎添翼。(虔)遠慮近憂。(爐)百病叢生

牛部。(牛)朱雀歛翼 欲告無言。(牟)去後得生。(牝)物化不存。(告)以口爭先。(生)牛眠之地

隹部。(雅)鼠牙雀角。(雌)難以比擬。(雛)雞鳴狗伏。(難)雌伏之嘆。(雖)強飯爲佳。(雙)左右爲難。(佳)誰肯爲難

鳥部。(鳥)乘鸞跨鳳。(鳩)鶴鳴九皋。(鴆)鴛鴦枕冷。(鴿)一鳴驚人。(梟)飛鳥依人。(鶴)鸞雀同宮。(鳳)風中歸雁

魚部。(魚)有鱗無甲。(鯉)千里魚書

虫部。(虫)蠅頭蝸角。(虹)青蚨已空。(融)風塵遠隔。(虱)門風敗壞。(蛛)老蚌生珠。(蝴)強弱相形。(虺)頗有風光 (蜊) 蠅頭之利。(蝶)風翻落葉

(蟹)飛龍破蟄。(蝎)狂風乍歇。(蛇)柁後生風。

竹部　(答)若合符節。(箎)笑面之虎。(等)及時獻策。(第)不第而歸。(箭)種竹有利。(簣)未成一簣。(篆)如椽之筆。

艸部　(茆)敗柳殘花。(蓮)運如轉蓬。(藥)一世榮華。(蔦)鵬程萬里。(舊)鼠牙雀角。(菓)萬里歸來。(莓)枯海無邊。(茹)花開如意。(范)半死半活。(蒙)夢裏還家。(暮)寸草回春。(蠆)萬里秋風。(若)無心惹禍。(萍)滿意稱心。(荒)水流花謝。

鍊句取格訣

凡遇字義複雜之字。單句取格訣。不能盡其妙。用於是。有鍊句取格訣之發明。此法創自清初程以三先生。訣語或二或四。對偶工穩。詞藻紛華。理解神披。談言微中。令人乍悟而解。顯沈思而擊節。誠足爲後學楷模者也。惜手並無眞傳祕本。蓋程子係天才款穎之飽學士。初爲親友輩拆字決疑。難原屬文人游戲三昧。及至所占輒驗。名馳遐邇。問事者踵接於門。遂由親友爲之訂定規例。實行其拆字生涯。隨來隨寫。不留底本。沒世後。有遺著測字祕牒行世。實非盡屬程子手筆。故爾鍊句取格訣經得一鱗片爪。然而章爲來臬。足行舉一反三。取用無窮矣。所當知者。一字取格。祇有一二句。而問事千頭萬緒。不能概用訂定取格訣論斷。只可活用。不可死用。名遇所問事情與取得字之格語若合符節者。方可援用。否則另想語言論斷。用特將程子對事取格訣。舉例如下。

鍾字　問功名。斷曰。名重金歐。終身大貴。旁人亦指鍾字問求財。斷曰。金銀氣旺。遠在千里。當往遠方。必有重金可得。又如以甘字問謀望。斷曰。事多阻隔。所謀難遂。旁人六指甘字問疾病。斷曰。苦盡甘來。當於廿一二日間告痊。以上俱屬一字。兩斷取格各不相同。總之取格貴乎臨時對事着想。觸機立論。方臻神妙。下到鍊句取格訣。聊資後學觀摩練習之用者也。

(人)長久之基。大夫之體。(馬)似馬不能行動。似爲不切實用。(鳥)上宿鴛鴦。鳥下生連理枝。(見)有容

乃得寬舒無學難爲先覺規矩破壞失却方圓之
準筆硯有損難親觀國之光(攖)佳人才子比目雙
雙(等)符乃淸閑之品寺非名利之場(杞)木乃箱
中之物己爲包内之財(欲)有容德乃大無欺心自
安(沃)海闊從魚躍天空任鳥飛(居)婚姻占警事
遲早必成功(崖)太歲當頭佳人有損(聿　事到盡
頭法律解決(暉)斜日臨軒官星不現(芎)字具花
殘月缺之形病犯黃旛豹尾之宿(田)縱橫看來俱
是王侯覓封侯主大貴(益)廿八日防有血光之災
(燭)稍濟燃眉蠅頭微利(翩)扁鵲難醫定然羽化
(裙)佐郎之形福祿之兆

△字骨散格訣

字有間架結構當然有骨格上兩節之單句鍊句取
格訣乃指各字之品格立論本節單論字之骨格以
便初學動筆加減時有所把握蓋字骨爲約束字之
根本猶如人身之骨格爲筋絡肌膚作架子者一也
散格云者蓋言兩字四字隨字擬之並不分部別類
故曰散舉例雖只有數十字六抵屬部首字居多數
便於學者熟讀牢記則觸類旁通應變不窮庶可不
加思索而收得心應手之妙用骨格訣列後

(一)天心天上　生根大心(二)月內手心　工夫
平正(牛)牛尾馬背　用心舉足(卜)上頭下足
掛脚外邊(甲)里中放鬧　用不足申出頭沒結果
(寸)十分走過　不成才沒對頭(祀)破袍起禍(
貴)中饋破櫃遺失(言)變面有膽(日)春末後會
(月)有心斷臂(十)針鋒田中不成才(士)旺極善
心吉兆堂下(了)齊心中丞亭極損子(丁)釘頭竚
足(亻)行頭德行　難以成行(母)毒心後悔(王)
害心望後　美中不足(丘)兵頭虛心(乙)吃盡了
(田)心廣富極鬼臉(四)夢中罪首　欲罷不能(
不)歪頭否象　半盃之水(甬)痛心不通無勇(
用)懈心截角不周解體(且)阻隔不宜(心)未必
愁根(十)有頭無尤天心可大或　左或右(戈)破
錢晚成(子)存心孝心好極不好(天)無頭矢或恐

失之(中)難串初貴心頭之患(乃)不及仍舊有孕
生男(自)追來搥心(也)枯池地下(夬)未央半缺
分袂了兆(吉)半喜半結(佳)焦心下惟(支)破鼓
紹技(古)活心苦盡(工)半空落空庶乎不差(酉)
半醉不尊(亦)彎頭變臉(占)上吉點頭(金)破釜
分鏡(口)舌根賞心言盡回心(巳)包內危極(予)
舒極豫來(艮)根本不穩(包)水中泡么飽食不足
(瓜)絕脈之兆無子孤獨(才)財產半輸(享)高年
得子亨通之兆(恨)艱難之象心地不良(軋)己身
不足遭人輕薄(和)不穩不足秋來始吉(春)秦晉
相連姻事可皆(寺)坐守待時(訣)央人說項可免
決裂(給)合資經營結果不虧(養)小恙傷食美中
不足(鐵)黃金失色(周)門中有臺(移)合夥生利
多私心宜早防(大)行人阻住木無根本(次)欠收
之衆盜賊宜防(汾)三分鼎足守分過活(糖)健康
之象庚帖相宜(俛)行人晚未人力挽回(幻)玄武
當頭傷殘幼小(拭)武好幫扶弋獲可得(天)夫星

不透出頭有先(工)干求無脚力成功終落空(力)
句陳之象勉強成功(乃)求子腹無孕謀事力不及
(何)本是可人兒休存倚賴心(榭)花謝結果守株
待兔(明)日喜晴兮月喜圓萬象光明無障蔽(月)
月光有圓缺諸事多轉變(種)千里經商有利可得
(問)口舌當門休管閒事(柄)求官居權要有病自
然痊(棧)木遭連伐根本已虧(稅)不悅不穩求利
難得(海)財源若流水決晦待消除(秋)風和日煖
時宜收成休愁尺定(腹)骨肉無情反覆還防朋友
反戈(性)心田種福土旺生金(紗)絕妙好詞文名
高求利終嫌錢鈔少(新)先辛苦後歡忻若問行人日
近(凋)經商湊合資本病主調養告痊(此)膾蛇纏
繞受虎驚求利些些莫嫌少(杝)木葉凋零待春旺
問病見棺主大凶(水)宦海浮沈少得意還防專業
付東流(木)三春旺盛秋冬衰安分營生防折本(
卜)不上不下卦象欠缺(君)倉破米難藏犬搴難
獨立(描)及時栽種要手幫將草拔除苗自秀(職)

未謀須仗熟識人自有好音送入耳(賓)見官防夾
責問病遇喪門(平)音同貧病最難聽半事無成運
未來(日)多憂夏畏須分別夕陽雖紅不多時(才)
身缺難圖寸進幸遇財源不竭(勸)有權無柄勢力
缺惟靠辛勤勉力爭(嫩)速效可收貪懶必敗(燚)
勞心與勞力歸根終見災(侮)求財子母生金何愁
小人欺侮(映 近日防有災殃晦退自然快意(目)
分明身不全青眼得人憐(魚)得水則生旺逢土是
死鱗(寺)坐守待時得土生財(訣)謀事央人助分
袂成永訣(廊)疾病遇良醫求婿得才郎(偪)幸福
傍人求將來富可祈(亢)凶頭虎足伉儷無人(僱)
傍人門戶照顧不全(林)樹木逢春旺秋衰冬漸生
(番)榮根在田蕃茂可待(徐)寬餘之象謀望待時
(霖)森林得雨逢春旺松柏經霜獨後凋(大)無根
木難長有點保太平(如 女大須嫁口舌宜防(孃)
贊襄賴婦人惟嫌口舌多(碧)求利財帛空虛須防
玉石俱焚(落)相逢萍水非知己各自謀生是便宜

(竟)心無好意破鏡難圓(士)雖然少吉兆仕進終
可求(拓)官司只怕拖宕買賣須防破損(富)福屋
照臨家室求財土旺生金(圓)官員宜防囚禁經商
有損無益(恕)心頭如意百謀成莫信中藏悲怨形
(植)直道待人眞誠相助(忘)妄想徒勞占病見凶
(連)車行軌道事成必速(穡)耕種有利收回問病
喪門顯露(夙)夕人起風波白虎恐喪身(詳)諸事
可許佳祥訟累亡羊補牢(尖)以小變大後來與旺
(誹)出言宜愼免生是非(腦)出月初旬必見凶災
(易)謀爲不可匆促經營不可忽略(矢)因頭有失
開口便知(加)功成名就可喜可賀(劵)努力進行
可操勝算(積)和氣致祥生財有道(錦)金帛滿箱
成富有白巾問病主多凶(全)問病將痊愈求財不
見金(艮)遇水起波浪依人方得食(塞)寒土難生
物作事少成功(色)謀望雖有把握祇怕斷絕關係
(脚)出門大可去得占病出月轉機(座)諸事莫強
爲應該坐守待(錄)求財得金求官得祿(綿)白絲

白巾病人絕命。(李)春木與旺有子克昌。(章)立志宜早干求遂意。(佳)有土重重得人助。土旺生金進益多。(寓)在家空勞栗守。走動必有奇遇。(穹)張弓無箭困窮之兆。(愧)心疑生暗鬼。心直易成功。(咎)外人踢飛脚。無端生口舌。(泥)土被水淹。財氣剋制。(哥)事屬兩可。避重就輕。(趾)半路中止。功虧一笑。(武)止戈之兆。災去福來。家游山下。室內空虛。(商)立志不堅。易惹口舌。(得)所獲一寸。其利甚微。(待)得時則興。急行不利。(確)破家之兆。進行不利。(保)呆人多有福。自然無口舌。(宵)官事雖消。小人在室。(跳)半路捲逃。跟蹤追尋。(非)不與匪伍。可免誹謗。(內)因人出頭。禍去福來。(景)入京求官。可望成就。(相)無心之想。終歸無用。(伍)三五成羣。勿與共事。(忍)心上有白刃。耐性可免禍。(最)討債求利。即日取得。(子)一事既了。百事皆好。(甲)田地破漏。收成不足。(戎)用力有成。須防賊盜。(黑)色非青白。近黑防災。

第四章　測機心得

測字測機。此語固盡人皆知。大抵都併作一談。不分涇渭。殊不知測字測機。截然兩途。測字憑字體字義及骨格。論斷字理之吉凶。其法已於第二第三章中分析詳言之。茲不復贅。但是倉頡造書契。字成而天霝鬼哭。可見撇撩勾劃。觸類變通。用決天下之疑。固綽綽有餘。而天貌妙合。省文旁借。六書之義理深奧。不僅在象形、諧聲、會意之間。所能盡悉其底蘊。唐宋相字大家。如李袁謝邵四子。深知此理。以字形全體之意義。爲人析疑。絕不加減拆合。同一字也。因所問之事不同。論斷因然隨之各異。更有同一字也。所問之事相同。而論斷亦先後各異。其所憑判者機也。至於測機之法。當於字義骨格而外。別求玄機。如來問之人。有士農工商之別。問事之日。有陰晴早晚之分。來人有從容急迫。拆字者有偶見偶聞。此爲動變無常之測機法。並無程式可舉。當於下章名家拆字與驗中。分條論列之。茲章所論測機心得。乃屬謝潤夫之遺法、如筆法、時辰、五行、干支等。皆可舉例說明者也。要知拆字為有格式之死法。測機為無格式之活法。難易不可同日而語。欲精此技。全在心虛靈敏。運之以神機。不泥於字體。無成心。無强合。泛應曲當。用各不同。遇動變則有機可按。不動變則無機可測。速然無機可測。速以所問之事。合乎字體取格而推詳之。亦有驗而無失。明乎此理。庶幾測字測機。可以隨時決擇。其技亦必克臻神化也。

△筆法辨認歌訣

方時拆字。不用紙捲。由問事者當場書寫。或則預先寫就而來。此非有眞學問之大家。不能應付。胸無點墨之江湖術士。往往瞠目無以對。於是設法補救。改用字捲。將捲紙上之字體取格。預先練習純熟。臨時自可以應付裕如。此法原為救濟失業之末技。好得取資無多。自無人反對。用字捲沿革至今。著為慣例。古時臨場寫字占問之例。反被一筆抹殺。數典忘祖。其是之謂乎。然而告朔餼羊。遺法猶存。間嘗見文學家顧子東皐。游戲三昧。為人測機決疑。令人當場書寫一字。隨機占斷。應驗如神。詢以有無師承。笑答曰。予豈甘拜投江湖術士門下。乃私假諸謝潤夫先生。即出謝子遺著授我。披閱一過。見其中有測機心得一章。與今世拆字家言絕然不同。我即抄錄而珍藏之。本章八節。盡屬謝子遺法。其論問事者之筆法訣曰。

筆法穩重。福祿永終。筆法平直。豐衣足食。筆法端正。祿註後生。筆法潔淨。定得功名。筆法分明。可得前程。筆法圓靜。富貴無並。筆法肥濃。官官富翁。筆法精神。名聲遠振。筆法輕快。百事通泰。筆法剛健。力量識見。筆法實洪。遑英遑雄。筆法尖圓。其人短小。筆法先發。榮華通達。筆法氣勢。慷慨意志。筆法如繩。一世平寧。筆法粘滯。是非招災。筆法如線。有識有見。筆法高低。說是說非。筆法分掃。破家必早。筆法反復。心常不定。筆法豔冶。相貌鮮妍。筆法破碎。家業敗退。筆法欹斜。飄泊生涯。筆法混濁。知識不足。筆法如蛇。奔波勞碌

筆法清瘦其人必秀。筆法平正高明方正。筆法欹側
底食不給。筆法孤露至老寒微。筆法如針心毒險狠、

△論斷貧富貴賤（雖憑問事者之書法論斷、
紙捲上字亦可借用）

凡字寫得壯健。其人必發大財。　二書一點者。主為
官食祿或則近貴。　才字中或多一畫一ノ一乀主
得橫財或遇異貴成名得利。或少却一畫一ノ一乀
者。其人破家棄祖。自立收成。　亠筆多富而貴。字中
有畫當短而寫得長。主其人慷慨近貴。手頭闊綽。
字畫當長而寫得短。其人卻吝。橫畫寫得兩頭尖者
主傷妻　直落寫得兩頭尖者傷子　如見十字寫
得兩頭尖者。主穿心大害。刑剋妻子兄弟。骨肉皆空。
十字下脚寫得不尖者。晚得子力。　如見上一畫
寫得重者。謂之平頭煞。難為六親。輕者初年不足。中
晚年如意。　當頭點重者。主商旅發財。惟須離鄉背
井。出外成私基業　如水命金命。見點畫輕者。早年
防有水阨。重者主作事無成。不得善終。　字多直落
者。主聰明機巧。靠手藝為生活。　畫多者主有心脅
脾胃之疾。木多者。晚年有心氣病。　字有口字或四
圍有口角者。旬日內主有口舌或破財　如見發字
頭者主發財。　一字分作三截上中下有三畫而不
連者。或見士頭文脚主有文學　金筆焚或見於干
戈字脚。必為用武之人　凡婦人寫來字畫不端正
者。必是偏房。或帶三點。必有動意。　凡寫字之人。偶
然脫出筆頭。主事破無成。如走近火邊寫字。心下必
然不寧。　如寫字用破器添硯水者。主家破人亡。
寫字時犬來左右狂吠。主不吉多口舌。　或見寫來
字紙破碎。或取破紙寫字。主有口舌。　或寫字時
聽得貓叫。此人必有添丁之喜。或在樓上寫字來問
卜者。事多里迭阻障。　或在船上寫字來問者。主有
虛驚。　或就扇上寫字來問者。夏吉冬不吉。　如木
命屬金。金筆多者貴。土筆多者富。五行生剋亦然。（
五行筆疑法後）

以上單指問事人所寫筆法之衰旺。作論斷之目標。

然而決斷貧富貴賤還須兼顧字體。參以筆法。而後論斷休咎自然準確應驗倘使單憑筆法立論不顧字體。此所謂捨本求末欲收占驗之功效難矣

△五行筆法衰旺（此條不單指寫來字體而言、紙捲上字亦可據此論斷衰旺休咎）

五行筆法者立木臥土勾金點水曲火之象是也。至於五行衰旺。字要上大胸方火乃發用。堅瘦有分木乃生榮金要方圓凝重土要肥厚結實木要正直不凋。故曰炎火旺者玉堂拜相水清秀者金闕朝元木盛兮仁全義廣金采兮性急心剛。土薄兮離家破祖土厚兮福祿綿綿又曰木少本而多根根拆則挫金少火多兩窟三窩金斜則定然子少水曲則財終不豐畫長兮像天居上土臥厚兮像地居下木停立兮像人在於中央此爲筆畫之三才。三才全兮如身居於大廈無天有地兮父早刑剋有天無地兮母先傷亡有木孤兮兄弟難停上天失令故基已墟內實外虛兮雖才高而無成外實內虛兮終富厚而顯赫龍蟠古字。必有將相之權才正偏斜定是孤窮之客測字苟能按五行應機變審骨格仔細推詳休藝不驗者未之有也

△干支分配五行

甲乙寅卯屬木丙丁巳午屬火。庚辛申酉屬金。壬癸亥子屬水戊巳辰戌丑未中央土

△五行相生地支

金生於巳木生於亥水土生於申火生於寅。

△時辰生剋歌訣

看字先須看時辰時辰剋應不相親。時辰若遇生其用作事何愁不趁心　此訣爲拆字第一要緊用處。學習者必先熟讀地支冲合（見後）方能推詳時辰生剋例如突時論斷屬於水或土之字便有時辰相冲蓋水土生於申而地支寅申相冲遇冲則問事多凶少吉雖不能憑此以斷定吉凶。亦有一二分關係也。

△地支刑冲歌訣

子午相冲丑未相冲寅伸相冲卯酉相冲辰戌相冲巳亥相冲（冲者剋也）子刑卯卯刑子丑刑戌戌刑未未刑丑寅刑巳巳刑申申刑寅辰午酉亥爲自刑之刑（刑者傷也）

△五行生剋例斷

測字之論斷五行生剋（卽旺相休囚死）其例與算命同亦分四時每一行管三個月不過關係甚微不能與命理中之五行生剋同日而語也學鈞者却須熟讀而牢記之是爲術士之必需知識舉例如下旺（當生者曰旺）春木夏火秋金冬水土　相（所生者曰相）春火夏土秋水冬本金　休（生我者曰休）春水夏木秋土冬金火　囚（剋我者曰囚）春金夏水秋木冬土火　死（我剋者曰死）春土夏金秋水冬火土

△見聞喜忌舉例

有所見如立字見日則成音字起水則成泣字又如言見犬則成獄字禾見刀則成利字吉凶隨機論斷有所聞如占病聞哭泣聲求財聞破碎聲皆不吉有所喜如求財見金玉邊傍求官見印字皆爲喜兆有所忌如問訟見血見夾問病見土木或且字經商見失字或乇（此爲斷字）字求官見下字皆屬所忌

△當添亦添舉例

如官員問前程得尹字當添筆成君字斷定其人必見君面但終不得祿而囘因無口不能食祿故也若得君字占前程亦須添筆成郡字斷定其人必得太守爲一郡長官故又稱郡守

△當減亦減舉例

如問遷移得樹字筆畫太多可以減去兩旁單取吉字爲用斷定新屋爲吉房移居吉祥如問合夥得殿字亦嫌筆畫太多當減去左邊及右邊上半單取一共字爲用斷定可以共事共同營業獲利必洪（洪大也）

△取義論斷舉例

何謂取義蓋言不憑其字之形體骨格不用添減湊

合只取字義論斷。此爲拆字之例外。少受人歡迎。祇可偶然一用。所以第二章拆法祕密中。不曾列入。茲特舉例以說明之。如問遠人。取得樓字。筆畫過多。不適用添減裝接等各種拆法。祇可取字義分解。蓋樓爲屋上加屋。分明是重屋之義。以重屋兩字上下拆開。寫出。便成千里尸至四字。分明所問遠人。已死在千里外。尸身行將運至家中矣。不過如此取義直斷。口勁太硬。問事爲勢必受驚動怒宜婉言中說。謂字義大凶。證之遠人久無音信相通。只恐病倒他鄉。宜速設法探明究竟。如此婉言論斷。免使人驚憂。決不致動怒。既有病倒兩字。如果千里尸至。亦爲應驗矣。

△草木論斷舉例

論斷草木字之休咎。春夏則生旺。秋冬則衰敗。松柏主有壽徵。芝蘭則主祥瑞。石榴爲多子之象。枇杷應黃金之兆。惟須及時。則旺。過時則衰。椿萱主父母康健。楊柳應婦女輕狂。木槿則朝開落暮。榆檜則歲久年探。枝葉飄零應衰落。根黃互接主牽連。奇葩恐是虛花。蕉葉必然結實。此爲草木應時論斷之例也。

△禽獸論斷舉例

喜鵲扳喜。烏鴉報災。鴻雁主朋友來書。蛇虺防毒謀暗算。犬吠宜防賊盜。虎嘯主有聲威。鷄鬥有爭競。牽羊羶喜慶。走馬主得官。釣魚應獲利。鯉魚上躍主飛騰。鳥巢不穩防傾覆。

△反體字義舉例

喜字未可言喜。因有口舌牽連也。慶字未可言慶。因有憂字作根也。憂字未必憂。到後可慶賀。生字未必生。本命星不見。

△諸事論斷舉例

問婚姻　字畫直落成雙者可成。直橫成雙者。及偏傍長短者不成。左邊長者男家順。女家不允。右邊長者女家順。男家不允。如見姻緣、絲蘿、團圓及合、漁等字。皆爲團滿之兆。而鰥寡等凶字。無緣難合。

問官司　如見牛犬及其偏傍之字。主有牢獄之災。或見杖竹文等字。及ノ㇏破碎者。均有杖責之兆。

問功名　字有文字貴字頭者功名有望若得加字具有功成名就之兆爲第一最好之字

問六甲　字有喜吉字體者皆吉字畫直雙者女喜直落成單者男喜如見孕囝等字爲男胎姚姓等字爲女胎字帶白虎形者主難產直勝蛇象者主受虛驚見於字之上部者應產前下部者應產後

問疾病　取五行筆法（見前）爲用論斷病名如金勾多者主心肺疾木立（直畫也）多者主肝氣手足疾水點多者主瀉痢嘔吐症火曲多者主傷寒時風四肢疼痛臥土（橫畫也）多者主脾胃瘡癤症如見白虎雙口當頭者難醫若見全差等字者有痊愈之望

問失物　字有失字體者難覓朱雀動者日久難尋還須謹防口舌

問行人　如見徐趾等字主半途中止行未等字有待言字主信至八不來

△至理測法總訣（觀梅六書拆字通用）

吉凶禍福推測可知人事天時莫逃乎數試觀雲開月朗正爲通達之機霧合烟迷定主淹滯之象天文取應地理可推水流則事消土積則根厚沙乃散手即合石以堅心始悟若逢人事之來即爲天機之現官宦利於求名商賈宜乎求利匠子主門庭改換居兒主骨肉分離獵戶當得野外之財漁翁宜取水中之利足動知其遠行父臂斷其有失題寫有文名之喜秉燭會祈禳之功偶挽手應作事牽連遇接物主逢人提拔繩牽羊犬防守可以無虞帶水拖泥遲滯還須有待舟楫在水憑其接引而行車馬登途乘其負載而往持刀執斧遇吉兆者必得快利之財披甲操戈見凶形者必遇剛強之賊妝花刻果終非結實之形展畫披圖都是虛驕之象倚杜者失懼臨鏡者赴召捧貢物則有非常之喜負大木則有任重之才頑鉄磨針有功有益快刀斫木利事得財揮扇有相招之情張蓋有蔭庇之意唱歌者放誕逍遙奔走者

驚慌失錯。既以觀人。尤當相物。問世家喬松老檜。欽高節修竹寒梅。野樹輪囷。棲遲林下。浮萍聚散。蕩漾無成。菌菰朝生暮死。疾病不宜。芭蕉雨滴。風飄行人未到。牡丹為富貴之物。棠棣為手足之花。茉莉安可經營。石榴却宜得子。路邊拾柴。終為敗葉。奇葩無子。亦是空花。至於禽虫之類。亦關趨避之機。鼠若咬衣。災防小口。鵲為換樹。會遇知音。猿猴身心無定。鯉魚變化非凡。繩拴馬。病者難痊。籠中鳥。囚人未脫。蒼蠅覓蠅頭之利。花蛟邀狡險之財。促織不宜問壽。烏龜定利行人。夏綿冬葛。雖有用而待時。秋月春花。縱無益而欣賞。蛛絲作網。巧計方成。有秤無錘。其權失去。是虎是龍。功名可望。為絺為綌。辛苦無辭。揚帆而遇風。無往不利。持梳而理亂髮。求取自通。逢人指路。百事如心。見客脫衣。一身無累。火入林中。焚形顯露。笠飄水畔。泣象淼明。三牛成犇奔之形。三女主姦淫之事。一木兩火榮耀之光。一水四魚鰥居之象。羊在火前成美事。牛橫家内是牢災。人字欲倒。臥病之徵。四字若長。棺槨之象。尸出頭而費力。口有缺而招非。夬字從夫從矢從天從失。隨時參斷。卜字可上可下。可大可小。任意決機。成不成。平不平。戊午昭然。田是田酒是酒。申酉可斷。井為四十八頭。九家可聚。針有十金之利。一榜可中。訟得公正之言。風乃乙木之蟲。憂字不全。憂必散。財若偏斜。財可虞。此字有比和之心。婦字有歸來之意。鹿宜西北之方。數為上上。錢是金戈之象。事僅戔戔。執字微幸。完全秤字和平有準。力田必主。弄璋。山水亦宜得祿。狗居馬前。驚可必矣。衣放鍋旁。禍能逃乎。五人來卜為從。十口為田是福吉。字要詳土士何如。凶字必察文人之狀。苟能變通而取義。即可指物而諧音。鹿可問祿。蜂可受封。離則近乎別離。桃則知其逃竄。無衣可斷無醫。逢杏占婚有幸。康字問疾病。入木無疑。茄字卜分娩。加子可喜。器如無柄。當知病體之除。鎖若無匙。已識藥遲之兆。以上隨事占斷。臨機務必精詳。抄用不窮。理同大易。神而明之。在乎其人。

第五章　名家測字

△李淳風易理占驗

淳風有出嫁族妹名貞姝者。因身懷六甲。不知男女。請淳風占斷。並未寫字。淳風以筆授之。方寫一元字。淳風卽用易理占斷曰。二八之形。巽卦之象。按八卦陰陽。巽爲長女。妹適初次懷孕。生女無疑。貞姝望子心切。猶未深信。復以元字問他相字者。所遇都屬不學無術之徒。不明字理。專以迎合人心理爲能事。輒斷曰生男。貞姝喜甚。及至分娩。呱呱墮地者女也。大失所望。

淳風與友出門納涼。偶見赤黑二馬入河。友曰。試卜二馬誰先起。所立處爲南方。當取離卦爲用。離爲火。火赤色也。赤馬當先起。淳風曰。不然。我亦取離卦爲用。赤爲火。河爲水。赤馬入河。得水火未濟之兆。且見黑馬在前。分明火未燃而烟先發。黑馬當先起。其友不服。俯拾小石塊投赤馬。以促其先起。那知赤馬遇石擊受驚。反向河心深水中趨避。而黑馬則向岸上躍起而逃。淳風大笑曰。君言不靈。而我言驗矣。

商人婦宋氏與淳風有葭莩誼。因其夫久客不歸。音信不通。時當亂世。萑苻滿地。祇恐其夫遭遇不幸事。親登淳風之門。求占易數。以卜良人歸期。適値淳風因事出門。祇可就其子請卜。李子見宋氏手攜牙骨紈扇。偶然失手落地。卽斷曰。骨肉分離。已成永訣。歸期絕望矣。宋氏信以爲眞。含淚道謝而行。時當盛夏。行至中途。額汗涔涔下。熱極氣喘不可耐。卽就路旁樹下解除身上紗背心。正遇淳風經過其前。卽要路詳告曰。到府請卜外子歸期。不得見先生。經令郎占斷。謂骨肉分離。歸期絕望矣。淳風見其解除之背心。尚未折疊。并觀其氣色甚佳。絕無寡相。遂斷曰。穿衣見子。脫衣見父。夫婦團聚。卽在今夕。小兒之言不足信。速歸預備佳肴。爲爾夫洗塵。今晚必歸。宋氏見李氏父子見解不同。疑信參半。道謝而歸。及抵家時。已薄暮。正擬入廚下料理晚餐。瞥見其夫施施入門。喜出望外。淳風卽景斷事之術神矣哉。

邵康節字理占驗

趙成因愛子久病偕友同往邵氏家請康節測字卜病那時尚未發明字捲趙成卽就桌上取紙寫一字字康節斷曰亠爲豕字頭其下爲子字分明家中有子雖無告痊之象大勢無妨趙成聞斷心安卽取火吸旱烟幷以火絨送對坐之友人燃烟不料誤落所寫字紙上燒去一子字康節又斷曰令郎之病變化甚速難抱樂觀請看尊書字字一刹那間以火易子子不見只留火跡分明成一災字祇恐變病成災趙成唯唯作別嗣後其子果因病痊後不知靜養調攝還病而卒

一人書一牆字請康節占失物康節斷曰宜於牀下尋之原物雖不可卽得竊物者必來見面卽可根究矣其人大笑曰所失者是我之坐騎活馬安能入牀下康節曰不管爾失馬失牛只知照字論斷尊駕所寫之牆字半爿爲牀字傍左邊爲來面二字而來字下足不見乃是藏匿牀下之象因之斷定失物在牀下失馬雖不可卽得竊馬賊復想盜爾金銀珠玉預伏牀下乃是常情何足怪予雖非神仙相字百不爽一爾且歸於牀下尋失馬以驗我言之不謬其人猶未能信含笑還家匆匆走入臥室以康節之言詳告其妻話聲未絕忽聞牀下有聲急揭牀幃諦視果見一人蜷伏牀下曳而出之指爲盜馬賊將飽以老拳其人哀告曰昨晚失智盜取尊騎今日始悟行爲不當已將尊騎送還不信可往後院一觀其人卽舍而往後院觀看失馬果然在槽中重行轉身歸房則盜馬人已逃之夭夭矣原來是其妻之情人昨日私會後乘馬以歸今日確來還物並得其妻在房中喁喁情話忽聞其夫還家不及逃避藏匿牀下及聞其夫高談康節相字斷定盜馬人必在牀下不覺不寒而慄在牀下發抖致被其夫聞聲發覺歸節之相字竟有半仙之分

一人身懷白刃將往要路刺死其妻之情人道經邵氏之門心想此行不知吉凶如何不如測字以決之

於是闖然入室書一重字語康節曰我欲行一事而多顧忌請求一言以決之康節見其匆促萬狀面帶殺氣早知其有殺人之心暗忖勸人爲善解釋寃仇救人性命是術士之天職當以利害消其惡念不必爲之論斷字義於是斷曰字形凶惡極了爾欲行之事萬萬動不得蓋重字上下分寫便成充軍千里之象又將重字減去千字頭爲里字續言曰惟有不出里門可以免禍其人聞言大恐懷刃以歸

康節應張節度之招赴宴座客俱是顯者適有人送名花至倘無花蕊張卽笑語康節曰試占花開幾朵以驗汝之神術康節請賜一字張命其外孫隨意說一字外孫適持剪刀在手卽云剪字康節斷曰剪屬金金數開花多至四朵所惜剪伐之兆先見其花必不能長久而剪刀爲女子用器將來花開後必爲女子所摧殘張固素服康節之神術占無不驗者預爲愛護名花計命外孫削竹片書斷語於其上插諸盆中禁人剪取嗣後花開四朵至第二日卽爲一新雇使女誤澆以鹽水旋卽萎謝

康節之友陳栿戲請康節占本日有無特異事情康節曰無字給我憑何占斷陳栿因時値巳時卽書一巳字康節斷曰巳屬蛇巳刻而書蛇之生肖應今日必有蛇入爾室中陳栿笑曰巳時我固日日經過蛇則有生以來未曾見過入室君其厭我在此糾纏特用誑言使我返舍守蛇乎康節曰信不信未能强制準不準過後方知陳栿懷疑而歸守至夕陽西墜非但無蛇入室並蜈蚣也未見一條方以爲所占不驗正在燈下飲酒覩史預備來朝去請問康節思想未完適有遠客自廣東來饋以團蛇兩尾乃屬粵菜之上品卽以一尾分贈康節以謝其相字之有奇驗

△謝石測字占驗

宋謝石本爲一布衣生當南宋偏安之世竟能以相字聲聞天下名傳後世豈偶然哉謝本一飽學之士不得志於時挾其神術遍游天下偶至杭設硯於湖濱適遇太宗微服私行謝固不識太宗太宗亦不識

其人僅聞其名。有護駕太監密告太宗。太宗好奇心生。親試其術之神與否。卽以杖於土上畫個一字。令謝占斷爲何如人。謝曰。土上加一畫。便成玉字。公必非常人也。太宗被其一言道破。心慌非常。又於土上以杖畫一問字。令測究竟爲那一流人。謝石見田土堅硬。杖畫欹斜。直落偏側。始大驚曰。左看是君字。右看是君字。君爲一國元首。必是萬歲。言下跪地正想行九叩首三呼萬歲。太宗止之曰。耳目衆多。毋多言。石卽謝恩起立。太宗還宮。次日召石入偏殿。封以四品官職。并書一春字。命占朝政。石奏曰。紅日正中。本有國泰民安之兆。特嫌秦字頭太重。壓日無光。太宗聞言默然。時當奸相秦檜弄權。把持朝政。卽有心腹密報於檜。大觸檜怒。嗣後借端貶謫至邊郡吏目。於此可見謝石高尚其志。不附權奸。宜乎名留後世。推爲古今第一相士家。否則淳風、天綱、康節、等論其占斷之應驗。堪與謝石相伯仲。何以後世獨稱謝潤夫(謝石之字)之術獨出冠時。足爲後學楷模。是卽器重其志高行潔。異迴凡庸術士。而有此品行。後學奉爲模範人物。不亦宜乎。茲特先述其占驗如右。

一人以小字請石占流年。石斷曰。字有白虎傷殘之象。流年少吉多凶。惟有百事忍耐。勿與人爭競口角。則經過十日後。方克轉危爲安。其人領敎而去。將斷語作韋弦之佩。謹記不忘。九日平安而過。至第十日因事穿過小巷。適遇糞車從其身傍經過。推車人偶焉不愼。將車側翻。濺得其人半身糞汚。怒形於色。欲與之理。繼思謝公斷語。按捺心火。不與計較。誰知推車人恐其索賠汚衣。反爾强詞奪理。妄指其人帶翻糞車。竟欲出手毆打。其人忍耐謝罪。並經過路人排解。始得脫身而歸。至夜半。夢見推車人相告曰。吾與汝世仇也。今世汝當將吾打死而償命。來世我當殺汝而償命。此爲冤冤相報之定數。不料汝今日忍耐。不將我打死。而我之壽命已終。推車至東郊山麓汝舊失足墜石磵。撞破腦漿而死。無人收殮。汝能買棺殮我。世仇從此解脫。其人醒而異之。次晨趕往東郊山麓。果見推車人死在磵中。即出錢棺殮之。後果安然無事。謝石相字之神驗。不僅可使寃鬼入夢。竟能使仙人當面嘗試。雖則事無佐證。殊難盡信。然而徵諸其言行。足爲天下萬世法。似未便目爲齊東野語。故節錄如下。謝石降謫邊郡吏。目偕一卒就道。行至中途。瞥見道旁有女相字。招紙暗忖世間女子亦有如我能拆字者乎。只恐是女江湖信口雌黃。足同道羞。同道羞當往試之。於是直入其室。書一謝字。請相斷我爲何如人。女笑曰。不過一術士耳。焉用相。石請中說字理。女曰。寸言中立。身非術士而何。石又書一皮字。令斷吉凶。女曰。石逢皮。即破。有凶無吉。蓋皮爲卒姓。石爲謝名也。石始驚服其術通神。不亞於自己。遂語之曰。吾亦能相字。請書一字。令我相之。女適倚山石而立。便曰。吾在此。即是字。請相可也。石曰。人傍山立。乃係仙字。汝其仙乎。女含笑噓氣成烟。迨至烟消。已失所在。石始信所遇確爲神仙。便懷出世之想。及至邊郡。閱時不久。忽失所在。相傳被仙人度去也。

王貴因妻懷六甲。書一元字。請石相男女。石曰。男也。復以問他相字。則曰生女。王貴曰。謝石占斷生男。汝何所據而斷生女。相字者曰。昔時李淳風用元字爲人占六甲。以易理推詳。取巽卦。斷定生女。分娩果是女胎。吾乃有書爲證。王貴疑信參半。守至分娩。呱呱墮地者雄也。喜甚。即往謝石。處道謝。并以他相字引書妄斷之言。詳告之。并問同一元字。何以淳風斷女生女。吾公斷男生男。其故安在。石曰。測字測機。貴乎臨機應變。豈可拘泥字體。若然同字同事。可拾前人牙惠。論斷準確。則相字毫無價值矣。淳風取易理爲其族妹斷六甲。元取二八之形。得巽卦之象。當應生女。我見元爲大將。且爲男子。故取元爲乾健之體。四德元居首。尊夫人懷孕爲頭胎。而兄之筆法。係三筆寫成。可改作兒字。故應生男。王貴訝然問曰。淳風與吾公同取易理。斷元字。何以彼取巽字。君取乾字。其理可得聞乎。石曰。一字之來。有一字之機。彼之元字係女子所書。當然不能取用乾字。故取二八之形。得巽卦巽爲長女。當屬女胎。吾見君書元字乃三筆寫成。且爲男子。故取乾三連。乾元亨利貞。元居四德之首。乾屬陽。當應生男。邵康節有云。字同事不同。不宜此而宜彼。事同字亦同。倏變吉而變凶。即此理也。王貴始恍然大悟。

有巨紳書卜字。向石問婚姻。石斷曰。大貴。坤宅必非本郡。論門第較高於吾公門第。雖有高下之差。婚事極易成功。巨紳大悅曰。言中肯。先生眞神仙也。女家遠家百餘里。確非本郡人。乃係京中王叔之愛女。論門第高出數倍。請教字理。以驗先生之神術。石曰。字體具金枝玉葉之象。一豎爲金枝。一點爲玉葉。故知其大貴。因見卜字爲外字之邊。故知其不在本郡。又因卜字改寫。可上可下。則親事自易成功。

甲書一颯字。問行人。石斷曰。風前立。見今日必來。乙亦指颯字。問曰。行人可得見面否。石斷曰。不得見面。去幾日矣。乙曰。逃亡一年多矣。石曰。字體內犯元武。外帶勾陳。安得見面。惟望交辛月。於有意無意中得到消息耳。復有丙亦將颯字問行人。石斷曰。三日後必來。所問是何親戚。丙答曰。非親戚。是店友。派往江西進貨。去已十日矣。旁觀者問曰。三人所問同事同字。而先生所斷各不相同。却俱應驗。其理可得聞乎。石問曰。同事同字。當臨機應變以斷之。第一颯字適當我起立。一陣風來拂面。即取此天機以應之。第二颯字適遇吾向下吐痰。未及見講話人之面。及至我抬頭觀看。始知其人立在西面。故云不得見面。辛月得到消息。是即隨機應變也。第三颯字許其三日後必來。蓋因後三日逢辛。女蝠値日。字中有辛頭。蝠傍且係第三人發問。故按日期斷之。

一農人書滿字。向石問田禾有利否。石斷曰。時雨滋苗。十分生發。秋來收成必好。

△程省測字占驗

程省。字以三。清初人。積學能文。喜研謝潤夫之術。幷心儀其爲人。志氣高尙。不求仕進。卒以相字終其身。論其取格占斷之應驗。深得李謝之精髓。惜其遭逢不偶。適當異族專制時代。以致淡沒世而名不彰。實亦術士中之人傑也。茲特將其應驗測字訣分條詳記如右。

米榮書一鄉字。占問婚姻。以三斷曰。婚事固易成。緣何以眞童而娶再醮之女。幸爾未肇。係節字脚。將來節操自堅。米榮笑曰。先生眞是活神仙。所占係劉姓女。作過王氏童養媳。未成婚而夫死。翁姑憐其年少不忍令其守節。欲嫁之。不識字理何在。先生何以占斷言之應驗耶。以三曰。字體乃牛郎織女結合。故知姻緣前定。婚事易成。因見郎字全織字只賸半邊。是以知男爲眞童。女爲再醮。朱榮又問曰。字體中既有節字脚。何以知其不守前夫而再醮。以三答曰。節字爲卩傍。鄉字爲卩傍。比較多一曲。是乃節操見於次嫁之象。

一人書亥字。問子病。以三便問令郎幾歲矣。其人答稱五歲。以三斷曰。亥乃孩子不見之象。若以亥字分寫。上是六不全。中是久不得。下是人不長。皆屬凶象本月是亥月。月底則亥盡。此兒祿命只在此月中。其人驚怪曰。吾一生未曾作孽。不該有子夭亡。於是又寫一字。再問有無挽回之法。以三斷曰。一爲生字底。死字頭。分明生從此盡。死從此至矣。而且字形爲半個十字。此兒祿命止於五歲。其人又寫一水字。參決以三曰。字形爲不永之兆。而五行之數。土爲五。土能剋水。此兒生命難過五日。其人懊喪而歸。閱四日而殤兒。

一人書幸字問病。說明病人爲四十九歲。以三斷曰。幸字問病。反有三不幸。問病忌見土。今則有土交加。一不幸也。病人四十九歲。字形不完。全五十二。不幸也。字形不成辛。下月爲辛月。恐難捱過。三不幸也。若能捱過辛月。方有徼倖之望。嗣後病人果於辛月去世。

以三原籍江陰。名聞數郡。有太倉巨紳王鉦。不信以三相字通神。故意改扮貧人往試。以三當面寫一麟字問終身。以三見其面貌魁梧。五官端正。早知其不類窮措大。及親麟字。寫得筆蹟肥濃。豎畫停勻。而有神采。就直截了當斷曰。此字乃貴人格也。王猶詐辨曰。我乃衣食不足之白丁。貧則有之。貴格何在。以三曰。字體爲貴格。寫蹟多富厚氣。何必諱言。太翁之貴。非從黃卷青燈中辛苦得來。麟字邊傍有庇廕之象。定爲承襲世職出身。麟烟閣爲功臣圖像之地。太翁必爲功臣後裔。但是貴則貴矣。久居江南純水之區。難期得志騰達。宜往北方。問到終身。二旬左右。妻宮寂寞。三八之年。作事多迷。舛末筆有三尾。主有三子。字形上有六十。下帶死傍。年局開壽六旬爲限。狂瞽之言。幸勿見怪。若非眞貴。我不願再爲人相字矣。王鈺始嘆服曰。先生正是謝石轉世。斷我終身。不爽毫厘。確由世職出身。後授江南提標參將。不得志者十餘年。故爾告養返里。廿一歲剋妻。三十八歲誤與壞人合資經商。損失五千金。第因有官無遷陞之望。故意喬扮貧漢來試先生之神術。今得高明指示迷途。當往北京去也。言下揖謝而行。

一少年書茀字問婚姻。以三斷曰。親事易成。但不是良家女。定是勾欄中人。兄何眷戀於妓女耶。少年笑曰。正是一妓。與我相交有年矣。今彼厭倦賣笑生涯。抱有從良決心。我欲娶之。先生眞有先見之明。字理安在。還請指教。以三曰。茀字全屬殘花敗柳之象。故決其爲妓女。但末筆從節。兄當娶之。少年感謝而去。

商人李欣欲尋店面。書一高字請占。覓得到吉屋與否。以三斷曰。極易。字體爲店頭店底。分明有一現成店面。召租店頭店底俱全。祇須將中間人口搬出。兄台即可遷入營業矣。李欣曰。果有現成店面妙極。但不知向何方尋覓。以三曰。高係庚字頭。庚辛屬西方。當向西南方找尋。李欣依言前往。果得一店面。

以三近隣石君年已四十。膝下猶虛。幸爾其妻身懷六甲。石君望子猶如大旱之望甘霖。苦於不知胎元爲男爲女。親書一球字。請以三占斷六甲。以三斷曰。球琳爲美玉之名。王字傍爲璋。珍之畔乃是弄璋之兆。據易理推詳。球爲玉字傍。玉生山中。當配艮卦。艮為山主生少男石問何時分娩以三曰王傍拆開為十二兩字中間添一小豎則成正字快則本年十二月見喜遲至來年正月及至分娩為是月本年大除夕

一人書芎字問疾病以三問曰病者是不是二十歲少婦其人驚訝曰是係拙荊年剛二十但不知先生何所據而云然以三答曰花為女象廿草頭便是雙十年紀其人又問曰病兆如何還請明白指示以三曰病犯黃旛豹尾大凶之兆而且花月為女象芎字全是花殘月缺之形生機已絕難望告痊也其人嗟嘆而去閱十日而病者死恰逢箕水豹值日以三斷事之奇驗有如此

一老者偕友同造以三設硯處老者取筆於紙上寫一鳧字問生意以三斷曰鳧鳥也可以翱翔天空自鳴得意不過力弱不能勝終日飛翔尊事恐難持久耳老者曰先生眞是神數我想販賣西瓜稍覓蠅頭微利但只有半月持久性深恐天時變涼銷路遲滯西瓜變壞損失難堪特請先生決疑今承明教當改營穩久生意矣其友亦書鳧字問守舊與更新孰美以三曰尊書鳧字寫得太不緊湊好似褪毛鸞鳳又像敗翎鸚鵡守舊決無興盛之日還是更新為宜當此日長如小年趁此炎炎勢正好力圖維新自能十分得意

又來一人亦寫一鳧字問婚姻以三斷曰婚姻易成不過新娘是再醮婦然否其人笑答曰正是請教字理安在以三曰字有倒鳳顚鸞之象故知婚姻易成而字之上端是鳥下端像鳥巢今鳥已不在巢中便是換巢鸞鳳之兆故知其為再醮婦

來一愚人向以三曰久聞先生相字應驗如神現在我欲求財請測一字以三問曰是何字愚人聞言不解瞠目無以對以三已知其為目不識丁者便曰汝不寫字但云求財我即取求財二字測之愚人問曰知我作何生意以三曰當是販賣水菓先會做過因買賣不精以致蝕本目今第二次矣汝自知生意不

粡資本不足。擬與人合夥經營。然乎否。愚人作揖而答曰。活神仙。活神仙。句句準確。去年我販枇杷。不知剔選。盡是酸貨。無人過問。一起黑爛。資本耗盡。今擬與水菓行夥友。合資販賣福橘桃棗。不知有利否。以三曰販賣有耐久性之菓品。保可獲利也。愚人歡欣道謝而去。旁人向以三問曰。先生論斷。句句對針。但不知字理何在。而能如此應驗。以三曰求財二字皆帶有木形。故知其販賣樹上物。求字全然見本而有不永之象。故知其上次虧折。財字止有見本而帶搬販之形。故知其此次與人合股。又因財如射字。故知其此次可以中的獲利也。

第六章　八卦拆字

△八卦拆字法。

八卦拆字所用之物件。與六書觀枚拆字。絕然不同。論斷專憑易理。即卜易之變相。參看下編文王課諸法。自能豁然貫通。姑從略。不論所當知者。不必以錢代蓍。或憑卦捲。或用卦籤。由問事隨意抽取一枚。授給拆字者。即可憑卦象易理論斷休咎。而易理深奧。旁聽者都莫名其妙。儘可信口雌黃。隨心占斷。因是問事者不甚歡迎。而習此法者。亦都屬半呆子。（江湖切口） 大抵因讀書不多。不能學習六書拆字。不得已借此類似卜易之技。爲人析疑。至於精通易理者。却又不屑爲之。而以卜易正派之文王課問世矣。由是習此法者。寥若晨星。名家眞傳祕訣。亦罕見。茲就八卦拆字之入門法。分論如右。

△六十四卦名

八卦者。太極兩儀生四象。四象生八卦。即乾坤震巽坎離艮兌。謂之八宮。由周文王將八宮演成八八六十四卦。卦名配以五行。是乃卜易之起源。折字即憑卦名論斷。茲將六十四卦名錄下。乾爲天。天風姤。天山遯。天地否。風地觀。山地剝。火地晉。火天大有。坎爲水。水澤節。水雷屯。水火既濟。澤火革。雷火豐。地火明夷。地水師。艮爲山。山火賁。山天大畜。山澤損。火澤睽。天澤履。風澤中孚。風山漸。震爲雷。雷地豫。雷水解。雷風恆地風升水風井澤風火過澤雷隨巽爲風風天小畜風火家人風雷益天雷无妄火雷噬嗑山雷頤山風蠱離爲火火山旅火風鼎水火未濟山水蒙風水渙天水訟天火同人坤爲地地雷復地澤臨地天泰地天火壯澤天災水天需水地比兌爲澤澤水困澤地萃澤山咸水山蹇地山謙雷山小過雷澤歸妹等卦名此爲複雜寫法更有一種簡單縮寫法僅書卦之末後一字或二字字者（三字卦書一字四字卦書二字）例如姤遯大有既濟未濟等是也若用縮寫必先將六十卦四名歌訣讀熟方能引用自如

△字捲設備法

字捲用紙與六書拆字同所異者寫法中央寫一卦名旁註宮位如乾宮坤宮等幷須將宮位所屬五行附註淸楚此爲正派八卦拆字大抵爲卜易家所秉營間有能憑易理占斷準確者殊不多見耳至於僅習卜易皮毛借此以餬口者非但未能精通易理幷六十四卦之名義亦未曾盡悉故爾不用六十四個卦名紙捲改用細竹籤八根每根書一卦名插諸竹筒者問事者抽取一根授之彼將或乾或坤之一字照寫於木棟板上將籤插入筒中然後信口雌黃瞎論數言略以塞責近日市上頗多此種拆字大抵因本領不高六書拆字無人過問偶見卜易生意興隆急圖學步顯此醜態不值識者一笑也

△五行生剋須知

八卦拆字必須熟讀五行生剋如東方甲乙木南方丙丁火西方庚辛金北方壬癸水中央土此爲天干五行又亥子爲水夾一丑爲土寅卯爲木夾一辰爲土巳午爲火夾一未爲土申酉爲金夾一戌爲土此爲十二地支五行拆法首須合諸本年月日時之五行然後憑卦義合五行論斷六十花甲子納音歌必須熟讀（歌見後）例如歲次辛酉太歲旺於金西方行運如遇壬辰月旺於水土庚申日旺於金癸丑時又旺水土而占得坤卦當主西土大利不利西南若能明白五行生剋即可從事矣

32	命學探驪集	【民國】張巢雲	發前人所未發 稀見民初子平命理著作
33	澹園命談	【民國】高澹園	
34	算命一讀通——鴻福齊天	【民國】不空居士、覺先居士合纂	
35	子平玄理	【民國】施惕君	
36	星命風水秘傳百日通	心一堂編	
37	命理大四字金前定	題【晉】鬼谷子王詡	源自元代算命術
38	命理斷語義理源深	心一堂編	稀見清代批命斷語及活套
39－40	文武星案	【明】陸位	失傳四百年《張果星宗》姊妹篇 千多星盤命例　研究命學必備
相術類			
41	新相人學講義	【民國】楊叔和	失傳民初白話文相術書
42	手相學淺說	【民國】黃龍	民初中西結合手相學經典
43	大清相法	心一堂編	重現失傳經典相書
44	相法易知	心一堂編	
45	相法秘傳百日通	心一堂編	
堪輿類			
46	靈城精義箋	【清】沈竹礽	沈氏玄空遺珍 玄空風水必讀
47	地理辨正抉要	【清】沈竹礽	
48	《玄空古義四種通釋》《地理疑義答問》合刊	沈瓞民	
49	《沈氏玄空吹虀室雜存》《玄空捷訣》合刊	【民國】申聽禪	
50	漢鏡齋堪輿小識	【民國】查國珍、沈瓞民	失傳已久的無常派玄空經典
51	堪輿一覽	【清】孫竹田	
52	章仲山挨星秘訣（修定版）	【清】章仲山	章仲山無常派玄空珍秘 門內秘本首次公開
53	臨穴指南	【清】章仲山	沈竹礽等大師尋覓一生末得之珍本！
54	章仲山宅案附無常派玄空秘要	心一堂編	
55	地理辨正補	【清】朱小鶴	玄空六派蘇州派代表作
56	陽宅覺元氏新書	【清】元祝垚	簡易・有效・神驗之玄空陽宅法
57	地學鐵骨秘　附　吳師青藏命理大易數	【民國】吳師青	釋玄空廣東派地學之秘
58－61	四秘全書十二種（清刻原本）	【清】尹一勺	玄空湘楚派經典本來面目 有別於錯誤極多的坊本

62	地理辨正補註　附 元空秘旨　天元五歌　玄空精髓　心法秘訣等數種合刊	【民國】胡仲言	貫通易理、巒頭、三元、三合、天星、中醫
63	地理辨正自解	【清】李思白	公開玄空家「分率尺、工部尺、量天尺」之秘
64	許氏地理辨正釋義	【民國】許錦灝	民國易學名家黃元炳力薦
65	地理辨正天玉經內傳要訣圖解	【清】程懷榮	秘訣一語道破，圖文并茂
66	謝氏地理書	【民國】謝復	玄空體用兼備、深入淺出
67	論山水元運易理斷驗、三元氣運說附紫白訣等五種合刊	【宋】吳景鸞等	失傳古本《玄空秘旨》《紫白訣》
68	星卦奧義圖訣	【清】施安仁	三元玄空門內秘笈　清鈔孤本 過去均為必須守秘不能公開秘密 與今天流行飛星法不同
69	三元地學秘傳	【清】何文源	
70	三元玄空挨星四十八局圖說	心一堂編	
71	三元挨星秘訣仙傳	心一堂編	
72	三元地理正傳	心一堂編	
73	三元天心正運	心一堂編	
74	元空紫白陽宅秘旨	心一堂編	
75	玄空挨星秘圖　附 堪輿指迷	心一堂編	
76	姚氏地理辨正圖說　附 地理九星并挨星真訣全圖　秘傳河圖精義等數種合刊	【清】姚文田等	蓮池心法　玄空六法 門內秘鈔本首次公開
77	元空法鑑批點本——附 法鑑口授訣要、秘傳玄空三鑑奧義匯鈔　合刊	【清】曾懷玉等	
78	元空法鑑心法	【清】曾懷玉等	
79	蔣徒傳天玉經補註	【清】項木林、曾懷玉	
80	地理學新義	【民國】俞仁宇撰	揭開連城派風水之秘
81	地理辨正揭隱（足本）　附連城派秘鈔口訣	【民國】王邀達	
82	趙連城傳地理秘訣附雪庵和尚字字金	【明】趙連城	
83	趙連城秘傳楊公地理真訣	【明】趙連城	
84	地理法門全書	仗溪子、芝罘子	巒頭風水，內容簡核、深入淺出
85	地理方外別傳	【清】熙齋上人	巒頭形勢、「望氣」「鑑神」
86	地理輯要	【清】余鵬	集地理經典之精要
87	地理秘珍	【清】錫九氏	巒頭、三合天星，圖文並茂
88	《羅經舉要》附《附三合天機秘訣》	【清】賈長吉	清鈔孤本羅經、三合訣法圖解
89-90	嚴陵張九儀增釋地理琢玉斧巒	【清】張九儀	清初三合風水名家張九儀經典清刻原本！